DISFRUTE
EL CAMINO
HACIA SU DESTINO

DISFRUTE EL CAMINO
HACIA SU DESTINO

JOYCE MEYER

CASA
CREACIÓN
Para vivir la Palabra

Para vivir la Palabra

MANTENGAN LOS OJOS ABIERTOS,
AFÉRRENSE A SUS CONVICCIONES,
ENTRÉGUENSE POR COMPLETO,
PERMANEZCAN FIRMES,
Y AMEN TODO EL TIEMPO.
—1 Corintios 16:13-14 (Biblia El Mensaje)

Disfrute el camino hacia su destino por Joyce Meyer
Publicado por Casa Creación
Miami, Florida
www.casacreacion.com
©2024 Derechos reservados

ISBN: 978-1-960436-57-3
E-Book ISBN: 978-1-960436-58-0

Desarrollo editorial: *Grupo Nivel Uno, Inc.*
Adaptación de diseño interior y portada: *Grupo Nivel Uno, Inc.*

Publicado originalmente en inglés bajo el título:
Enjoying where you are on the way to where you are going
Faith Words, New York, USA
Copyright © 2005 por Joyce Meyer
Todos los derechos reservados.

Nota de la editorial: Aunque el autor hizo todo lo posible por proveer teléfonos y páginas
de internet correctos al momento de la publicación de este libro, ni la editorial ni el autor
se responsabilizan por errores o cambios que puedan surgir luego de haberse publicado.

Impreso en Colombia

24 25 26 27 28 29 30 LBS 9 8 7 6 5 4 3 2 1

CONTENIDO

INTRODUCCIÓN

Creo que la vida debería ser una celebración. Demasiadas personas ni siquiera disfrutan la vida, mucho menos la celebran. Con frecuencia, digo que muchas personas están en camino hacia el cielo, pero muy pocas están disfrutando del viaje. Durante muchos años, yo era una de éstas.

Dios me ha enseñado bastante acerca de cómo disfrutar la vida. Él me ha mostrado que la vida que nos ha dado es para que la disfrutemos. Jesús vino para que tengamos **vida, y en abundancia (por completo, hasta rebosar)**, según la Biblia en Juan 10:10. Hay muchas más Escrituras similares en la Biblia de las cuales haré mención en este libro.

Considero que el leer este libro podría resultar ser uno que cambie su vida. Tal vez usted sea como lo fui yo en determinado momento, que amaba verdaderamente al Señor con todo su corazón, y trataba arduamente de agradarle al punto que olvidaba vivir plenamente la abundante vida que Él nos ha proporcionado.

El disfrute de la vida no se basa en las circunstancias agradables. Es una disposición de corazón, una decisión para disfrutar de todo, debido a que todo —aún las cosas que parezcan pequeñas e insignificantes— tienen parte en el conjunto del "gran cuadro" de la vida.

Cuando al fin me doy cuenta que no disfrutaba mi vida, tuve que tomar una decisión de calidad para descubrir qué era lo incorrecto y entonces rectificar. Esa decisión exigía el aprender nuevas maneras de manejar las situaciones.

Una vez descubrí que el mundo no iba a cambiar, decidí que era mi actitud la que tenía ante los "limones" de la vida lo que precisaba modificar. Había escuchado a alguien decir que los limones pueden agriarnos o muy bien podemos hacer una limonada con éstos. Mi decisión de hacer de ellos limonada, en vez de agriarme, requirió que aprendiera a tener equilibrio en las costumbres de trabajo que tenía.

Yo era una persona adicta al trabajo, y hallaba una gran satisfacción en los logros. Por supuesto, Dios desea y hasta nos ordena a rendir frutos. No deberíamos perder tiempo ni ser "inútiles", pero una postura desequilibrada es esta área causa que muchas personas experimenten agotamiento por un estilo de vida en el que todo es trabajo y no hay nada de diversión. Sí, era una de esas personas. De hecho, no sabía cómo divertirme y disfrutarlo verdaderamente. Siempre sentí que debía trabajar. Me sentía segura únicamente cuando hacía algo "constructivo".

Además, tuve que cambiar la actitud que tenía hacia las personas. Aprendí que una de las razones por las cuales no disfrutaba de la vida se debía a que no disfrutaba de la mayoría de las personas en mi vida. Intentaba cambiarlas para poder hallarlas agradables, en vez de aceptarlas tal cual eran y disfrutarlas en la medida en que Dios las cambiara.

Creo que todos necesitamos verdaderamente aprender sobre este tema de cómo disfrutar de donde estamos camino a donde vamos. Oro para que este libro sea de gran bendición en su vida y que, a medida vaya leyendo, Dios lo lleve hacia una encrucijada —un lugar de determinación— donde pueda escoger empezar a celebrar la vida.

1

LA VIDA ES UN VIAJE

1

LA VIDA ES UN VIAJE

El ladrón no viene sino para hurtar y matar y destruir; yo he venido para que tengan vida, y para que la tengan en abundancia (al máximo, hasta rebosar).

Juan 10:10

He llegado a la conclusión de que no hay nada más trágico que el estar vivo y no disfrutar de la vida. Desaproveché mucho de mi vida, debido a que no sabía cómo disfrutar de donde estaba mientras caminaba hacia donde me dirigía.

La vida es un viaje. Todo en la vida es un proceso. Tiene un principio, un desarrollo y un final. Todos los aspectos de la vida están en desarrollo. La vida es movimiento. Sin movimiento, avance y progreso, no hay vida. Una vez algo haya cesado de progresar, se hallará muerto.

En otras palabras, siempre y cuando usted y yo estemos con vida, estaremos siempre en dirección hacia algún lugar. Dios nos creó para ser visionarios, orientados hacia unas metas. Sin visión, nos atrofiamos y sentimos aburridos y sin esperanzas. Necesitamos tener algo qué alcanzar; pero durante el proceso de alcanzar ese algo que depara el futuro, ¡no debemos perder de vista el presente! Observo este principio en cada área de la vida, pero examinemos sólo una de esas áreas.

La vida espiritual

Digamos que una persona que no es salva, ni tiene una relación con Dios, se percata de que falta algo en su vida, y comienza a hacer una búsqueda. El Espíritu Santo lleva a esa persona a un lugar donde se tenga que enfrentar ante la situación de determinar depositar su fe en Cristo, acepta a Cristo y, luego, se mueve del lugar de la búsqueda del algo desconocido para descubrir qué o quién es ese algo. Al hacer esto, la persona entra en un lugar de satisfacción y realización temporal.

Por favor, note que dije *temporal*, porque el Espíritu Santo pronto comenzará a llevarla a seguir adelante hacia un lugar en Dios y con más profundidad. El proceso de convencimiento del pecado empezará en su diario vivir.

El Espíritu Santo es el Revelador de la verdad (Juan 14:16, 17), y trabaja continuamente en y con el creyente para llevarlo a nuevos niveles de conciencia. El entrar en un nuevo nivel siempre significa dejar atrás uno viejo.

En otras palabras, estamos siempre dirigiéndonos hacia algún lugar espiritualmente, y deberíamos estar disfrutando del viaje. El ir en busca de la voluntad de Dios para nuestra vida, al permitirle que trate con nosotros en cuanto a actitudes y asuntos, desear conocer su llamado y ansiar realizarlo, son todas cosas que forman parte del viaje en el cristianismo. En este estudio, haremos uso frecuente de los términos "desear" y "buscar". Ambos indican que no podemos quedarnos donde estamos. ¡Debemos salir adelante! De todos modos, esto es precisamente el punto en el cual muchos de nosotros perdemos el gozo de la vida.

Debemos aprender a buscar la siguiente fase en nuestro viaje sin despreciar ni menospreciar la fase en la cual nos encontramos. En mi propio peregrinaje espiritual, aprendí a decir por fin: "No estoy donde necesito estar, pero —gracias a Dios— no me encuentro donde solía estar. ¡Estoy bien y encaminada!"

La lucha espiritual por la cual la mayoría de nosotros atraviesa sería aliviada por completo si entendiésemos el principio que se discute en estas páginas.

Sobre las palabras de Jesús en Mateo 11:29, El libro de paráfrasis relacionales *Ben Campbell Johnson*, nos da una idea de cual debería ser nuestra actitud con relación a nuestro crecimiento espiritual. Dice así: "Llevad mi yugo sobre vosotros, y aprended de mí, que soy manso y humilde de corazón; y hallaréis descanso para vuestras almas".

Fíjese que, en este pasaje, Jesús dice: "Llevad mi yugo sobre vosotros...". Muchos de nosotros tomamos la responsabilidad que el Señor nos ha encomendado. En realidad, intentamos convertirnos en el "Espíritu Santo, hijo". En vez de dejar que el Espíritu Santo obre con la Palabra en nosotros y nos cambie de gloria en gloria o de grado en grado (2 Corintios 3:18), intentamos hacerlo por nuestra propia cuenta. Luchamos arduamente, tratando de llegar al siguiente lugar que sentimos necesitamos estar, que no disfrutamos de donde nos encontramos.

Debemos darnos cuenta de la importancia de cada fase en absoluto. Cada fase es vital para la siguiente. Por ejemplo, un niño no puede tener dos años de edad hasta tanto no haya vivido cada uno de los días que comprende el primer año para entonces pasar al segundo. Cualquiera que sea el lugar al cual nos dirijamos, cierto es que no llegaremos a éste más rápido de lo que a Dios le tomará llevarnos. Debemos aprender a hacer nuestra parte y confiar en que Dios nos ayude a disfrutar del viaje.

Personalmente, pienso que cambio diariamente. Tengo metas en cada una de las áreas de mi vida, y deseo mejorar en todas las cosas. El año que viene para esta época, seré diferente a como soy actualmente. Varias cosas habrán mejorado en mi vida, familia y ministerio. Pero la buena noticia es que habré descubierto el secreto de la satisfacción del alma de disfrutar de donde estoy camino a donde voy.

Podríamos decir que siempre hay algo nuevo en el horizonte. El Señor me ha mostrado esta verdad mediante una visión hace casi unos veinte años, mientras estaba considerando matricularme en un programa de estudios bíblico tres noches a la semana auspiciado por nuestra iglesia. Era un compromiso significativo para mi esposo, Dave, y para mí. Para ese entonces, teníamos tres niños pequeños, y sentíamos que Dios nos llamaba hacia un nuevo nivel de ministerio. Estaba emocionada, pero temerosa.

Una vez tomamos la decisión, comencé a sentir que este compromiso sería "ese algo" que cambiaría "todo" por completo. ¡Tal parecería que nosotros, los humanos, estamos siempre en busca de "ese algo"!

Mientras tomaba la determinación, Dios me dio una visión de un horizonte. Mi esposo y yo nos dirigíamos hacia ese horizonte, pero cuando nos acercamos finalmente al mismo, apareció otro horizonte más allá del primero. Representaba ser otro lugar que alcanzar una vez hubiésemos llegado al lugar actual.

A medida que reflexionaba acerca de lo que veía, el Señor le reveló a mi corazón que, ante nosotros, habría metas nuevas constantemente. Sentí que me decía que no pensase en términos pequeños, ni que fuese de mentalidad estrecha ni hiciese planes pequeños, sino que alcanzase siempre el lugar siguiente que me llevaría al lugar más allá de donde me encontrase. Lamento decir que aunque logré alcanzar los lugares sin estar complacida, me tomó varios años más el que aprendiera a disfrutar cada paso del viaje.

Me dirigía siempre hacia un lugar y nunca disfrutaba de ninguno en verdad. Estaba equivocada al pensar que sentiría placer cuando llegase, que *ahora* era sólo un momento de sacrificio y trabajo arduo.

Estoy muy agradecida de la paciencia del Espíritu Santo y su continua labor para conmigo en la medida en que Él me enseñó a disfrutar de cada aspecto de mi vida, el comienzo, desarrollo y el final de los proyectos, las personas en mi vida, mi hogar, yo misma y el ministerio en el cual Dios me ha colocado.

En la actualidad, estoy agradecida por los días de lluvia tanto como por los de sol. Estoy muy agradecida por el tiempo que he pasado esperando en los aeropuertos, debido a que viajo demasiado…y la lista sigue así sucesivamente.

Una vez hayamos aprendido el principio, podemos aplicarlo en todos los lugares.

Jesús dijo que Él vino para que tengamos vida y disfrutemos de ella. Si usted no ha estado disfrutando su vida, ya es hora de que empiece. Si ha estado disfrutando su vida, agradézcaselo a Dios, y busque las maneras de disfrutarla aún más.

2

DETERMINE DISFRUTAR LA VIDA

2

DETERMINE DISFRUTAR LA VIDA

A los cielos y a la tierra llamo por testigos hoy contra
vosotros, que os he puesto delante la vida y la muerte, la
bendición y la maldición; escoge, pues, la vida, para que
vivas tú y tu descendencia.

Deuteronomio 30:19

En la Palabra de Dios, se nos exhorta a escoger la vida. El término hebreo "vida" traducido en Deuteronomio 30:19 es *chay*,
y significa —entre otras cosas— "fresco", "fuerte", "animado",
"alegre".[1]

En Juan 10:10, Jesús dice que Él vino para que tengamos
vida. Según el *Vine Diccionario Expositivo*, el término "vida"
del Nuevo Testamento Griego traducido en este versículo es *zoe*,
y —en parte— significa "…vida tal y como Dios la tiene, la tiene
el Padre en sí mismo, le dio al Hijo Encarnado para que tuviera
en sí… y el Hijo manifestó al mundo…".[2]

El diccionario bíblico dice luego así: "De esta vida, el hombre
se ha alienado a consecuencia de la Caída,… y el hombre es par-
tícipe de esta vida por medio de la fe en el Señor Jesucristo…".
La vida de la cual se hace referencia aquí no trata simplemente

de un lapso de tiempo. Es una vida con calidad de existencia, tal y como la posee

Dios. Los seres humanos perdimos esa clase de vida que posee Dios por causa del pecado, pero podemos recuperarla a través de Cristo Jesús. Ese es el regalo de Dios para nosotros en su Hijo.

La cantidad y la calidad

No puedo imaginar que Dios no lleve una vida agradable por completo. Debemos cambiar nuestra perspectiva moderna de lo que constituye la vida de verdad hasta para comenzar a tener un entendimiento acerca de la calidad de vida que Dios goza.

Nuestra sociedad ha caído en la trampa de creer que la cantidad tiene mayor peso que la calidad, pero eso no es cierto. Esa mentira de Satanás se ha mantenido para el espíritu de la avaricia que prevalece en nuestro mundo hoy día. Se hace cada vez más difícil poder hallar algo que sea de calidad excelente. En la mayoría de los países industrializados del mundo, en Estados Unidos particularmente, existe una abundancia de todo, y aún así hay menos personas felices que antes.

Creo que si tuviésemos más calidad y un poco menos de cantidad, experimentaríamos más gozo en nuestra vida cotidiana. Sería mucho mejor vivir cuarenta años a plenitud, disfrutando verdaderamente cada aspecto de la vida, que vivir cien años y nunca disfrutar de nada. Gracias a Dios, tenemos ambas cosas, una vida larga y una vida de calidad, pero intento hacer una observación.

He aquí un ejemplo: Piense en las fragancias. Un par de gotas de perfume puro olerán más fuerte y se fijarán por más tiempo que una aplicación más fuerte de una versión más diluida como la colonia o el agua de colonia. El verdadero perfume viene usualmente en un frasco más pequeño y es mucho más costoso. Las versiones diluidas vienen en frascos que son más grandes y económicos.

También muchos de nosotros vamos automáticamente en busca de los frascos más grandes con el precio más económico. Cuando hacemos un obsequio, pensamos que luciría más impresionante si tuviese una envoltura grande.

Algunos de nosotros ni siquiera sabríamos lo que tendríamos si recibiésemos el obsequio de un perfume de verdad. Dado que es usual que vengan en frascos pequeños, pensaríamos que hemos recibido un regalo de poco valor. Podríamos concluir que nuestro benefactor era tacaño y no quería gastar más dinero en nosotros, cuando —en todo momento— tenemos algo de mucho más valor del que pudiésemos considerar.

Hay muchos ejemplos que podría utilizar, pero ese es suficiente para decir que, en la mayoría de las cosas de la vida, la calidad es muy superior a la cantidad.

Como creyentes, usted y yo tenemos la calidad de vida que posee Dios a nuestra disposición. La vida de Dios no está llena de temor, estrés, preocupaciones, ansiedad o depresión. Él no es impaciente ni tiene prisa. Dios toma tiempo para disfrutar de su creación, de la obra de sus manos.

He notado que en la versión de la Creación tal y como la presenta Génesis 1, las Escrituras dicen con frecuencia que *después* que Dios había creado determinada porción del universo donde vivimos, vio que era bueno (apropiado, agradable, adecuado, excelente), y le pareció bien. (Vea los versículos 4, 10, 12, 18, 21, 25, 31). Me parece que si Dios sacó tiempo para disfrutar de cada fase de su creación, de su obra, entonces, usted y yo deberíamos sacar tiempo también para disfrutar de su obra. Deberíamos trabajar no tan sólo por lograr realizar cosas, sino para disfrutar de nuestros logros.

Aprenda a disfrutar no tan sólo de su trabajo y sus logros, sino hasta del viaje de camino al trabajo por las mañanas. No se frustre por el tráfico ni se ponga a pensar en lo que tiene que hacer cuando llegue y deje de disfrutar del viaje.

La mayoría de las personas le tiene pavor al viaje de regreso a casa por las noches y ni siquiera lo aprecia. Las personas están cansadas, y el tráfico es denso. Éstas comienzan a pensar en todas las tareas que deberían realizar —pero que no quieren— una vez lleguen a la casa como cocinar la cena, ir a la tienda, cortar la grama, cambiar el aceite al auto y ayudar a los niños con las asignaciones, entre otras.

No haga eso. Aprenda a disfrutar de cada aspecto de su vida. Disfrute de su hogar, amistades y familia. No es tan sólo que tenga niños, sino que saque tiempo para disfrutarlos.

Tomar una decisión es lo único que se requiere para disfrutar la vida al máximo.

¡Una determinación lo puede cambiar todo!

Nunca disfrutaremos la vida a no ser que tomemos una determinación de calidad para hacerlo.

Satanás es un experto en robar, y nuestra alma es uno de sus blancos preferidos. Nehemías 8:10 nos dice que el gozo del Señor es nuestra fortaleza. En Juan 10:10 se nos dice que "el ladrón" viene a matar, hurtar y destruir, pero que Jesús vino para que tengamos vida y en abundancia.

Satanás es un ladrón. Una de las cosas que busca hurtar es nuestro gozo. Si logra robarnos el gozo, seremos débiles y, cuando somos débiles, el enemigo se aprovecha de nosotros. Los creyentes débiles no resultan ser ninguna amenaza para él ni su obra de destrucción.

Para vivir como Dios quiere que vivamos, lo primero que tenemos que hacer es creer de verdad que es la voluntad de Dios el que experimentemos gozo continuo. Entonces, debemos decidir entrar en ese gozo. A continuación, hay una lista de pasajes de las Escrituras en los cuales Jesús mismo reveló que era la voluntad de Dios el que disfrutásemos de la vida.

El ladrón no viene sino para hurtar y matar y destruir; yo he venido para que tengan vida, y para que la tengan en abundancia (al máximo, hasta rebosar).

Juan 10:10

Estas cosas os he hablado, para que mi gozo esté en vosotros, y vuestro gozo sea cumplido.

Juan 15:11

Hasta ahora nada habéis pedido en mi nombre [como al presentar todo lo que soy]; pedid, y recibiréis, para que vuestro gozo (alegría, disfrute) sea cumplido.

Juan 16:24

Pero ahora voy a ti [Padre]; y hablo esto en el mundo, para que tengan mi gozo cumplido en sí mismos [los discípulos].

Juan 17:13 [Énfasis de la autora]

Jesús quiere que experimentemos gozo en nuestra alma. Es importante para nuestra salud física, mental, emocional y espiritual. En Proverbios 17:22 dice que el corazón alegre constituye buen remedio, mas el espíritu triste seca los huesos.

¡Es la voluntad de Dios el que disfrutemos de la vida!

Ahora es el momento de decidir entrar en la vida plena y abundante que Dios desea para nosotros. El gozo y el disfrute están disponibles, al igual que la miseria. La rectitud y la paz están disponibles, al igual que la condenación y el caos. Hay bendición y maldición disponibles; por eso Deuteronomio 30:19 nos dice que podemos escoger, y que escojamos vida y bendiciones.

Existen muchas bendiciones disponibles para los hijos de Dios, de las cuales nunca son partícipes. La Tierra Prometida estuvo disponible siempre, y los israelitas erraron por el desierto durante cuarenta años. Deuteronomio 1:2 señala que la distancia geográfica del viaje de los israelitas era, en realidad, uno de once días de duración.

Estaban en derredor de la Tierra Prometida, cerca de esta y hasta por las fronteras, pero se negaron a entrar. Luego, enviaron espías para ver si era en verdad tan buena como decían, pero no entraron. Y la Biblia nos relata que la razón por la cual no entraron fue por no obedecer (Hebreos 4:6).

Los israelitas no iban a creer simplemente en lo que Dios les dijo. Por lo tanto, no le obedecieron. Caminaron a su manera, y el deseo de desobedecer les robó el gozo. Erraron por el desierto con murmuraciones, quejas, desaliento, temor, impaciencia y llenos de autocompasión, y culpaban a Dios y a Moisés por la situación. Tan sólo piense en cuán cerca estaban de la buena vida que Dios les había prometido, durante esos cuarenta años, pero se negaron a entrar. Debemos entrar, pero para ello se requiere de una determinación diaria —una sólida y de calidad— no una determinación débil, falta de entereza, del tipo de "veremos a ver qué sucede".

Existen determinaciones de calidad y solidez diferentes. Y cualquier persona a quien le interese vivir en el gozo que Jesús dijo que podríamos obtener, necesitaría entender que debe ser determinada y lista para velar a todos los ladrones que roban el gozo. Además, la persona debe desear hacer ciertos cambios radicales en cuanto a la forma de tratar con las circunstancias de la vida, al igual que con su estilo de vida.

Si usted está verdaderamente hambriento de gozo y disfrute, y si está listo para aprender a disfrutar de todo —aun de lo aparentemente mundano— entonces, siga leyendo. Si está listo para disfrutar del viaje, ábrale su corazón a Dios y pídale que le muestre todas las cosas que están robándole el gozo.

A medida que continuemos, compartiré ideas para que sea perspicaz en cuanto a las muchas cosas que Dios me ha mostrado que son los ladrones que me roban el gozo de la vida. Estoy segura de que algunas le hablarán; otras, tal vez no corresponderán a su situación personal tanto como correspondieron a las mías, pero los principios se pueden aplicar dondequiera que los necesite. Hace años, me dieron este ensayo de Robert J. Hastings, y considero que expresa este señalamiento muy bien.

La estación

"Resulta ser una visión idílica el guardarnos en el subconsciente. Nos vemos en un largo viaje que cruza el continente. Viajamos por tren."

"Al observar por las ventanas, absorbemos una serie de escenas que vemos como los automóviles que pasan por las autopistas cercanas, los niños que saludan con la mano en un cruce peatonal, el ganado que pasta en una lejana ladera, el humo que sale de la central eléctrica, las hileras de maíz y trigo seguidas las unas tras las otras, los terrenos y valles llanos, las montañas y las onduladas laderas, los edificios de la cuidad perfilados contra el horizonte y las casas solariegas."

"Sin embargo, lo que más nos preocupa es el destino final. Las bandas musicales tocarán, y las banderas ondularán. Una vez lleguemos allí, nuestros sueños se convertirán en realidad, y las partes que componen nuestra vida caerán en su lugar tal y como ocurre en un rompecabezas."

"Cuán incansablemente nos paseamos por los pasillos… espera, espera y espera por la estación."

"Cuando lleguemos a la estación, eso será todo", gritamos. "Cuando tenga 18 años…"

"Cuando compre un nuevo Mercedes-Benz 450SL…" "Cuando coloque al menor de mis hijos en la universidad…"

"Cuando termine de pagar la hipoteca…" "Cuando obtenga el ascenso…"

"Cuando alcance la edad para jubilarme, ¡viviré feliz para siempre!."

Tarde o temprano, debemos entender —de una vez y para siempre— que no hay estación ni lugar alguno donde llegar. *El verdadero disfrute de la vida es el viaje* [énfasis mío]. La estación es sólo un sueño. Nos deja atrás constantemente.

El arrepentimiento y el temor son ladrones gemelos que nos roban el hoy. Por eso, ¡deje de pasear por los pasillos y contar las millas! En cambio, suba más montañas, coma más helados, camine descalzo más a menudo, nade más ríos, observe más puestas de sol, ríase más, pero llore menos. La vida debe vivirse conforme hagamos el recorrido. La estación vendrá pronto.

3

EL LAMENTO
Y EL TEMOR

3

EL LAMENTO Y EL TEMOR

Hermanos, yo mismo no pretendo haberlo ya alcanzado;
pero una cosa hago: olvidando ciertamente lo que queda
atrás, y extendiéndome a lo que está delante, prosigo a
la meta, al premio del supremo llamamiento de Dios en
Cristo Jesús.

Filipenses 3:13, 14

El lamentar el pasado y tenerle pavor al futuro resultan ser ambos
unos "ladrones del gozo".

Examinemos cada uno detalladamente para saber qué los causa y cómo evitarlos, a medida vayamos en pos de gozar de la
abundante vida que Dios nos ha proporcionado a través de su
hijo Jesucristo.

El lamento

Muchas personas quedan atrapadas en el pasado. Sólo existe una
cosa que puede hacerse con el pasado, y es olvidarla. Cuando
cometemos errores, como todos los cometemos, lo único que
podemos hacer es pedirle perdón a Dios y seguir adelante. Al
igual que Pablo, estamos ante al insistencia de seguir la perfección, pero ninguno de nosotros la ha alcanzado. Considero que
Pablo disfrutó su vida y ministerio. Y esa "aspiración única" que

tenía era parte del motivo. Similar a nosotros, insistía en buscar la perfección, al confesar que aún no la había alcanzado; pero estaba al tanto de cómo disfrutar su vida mientras hacía el viaje.

Esa es una lección que debemos aprender, y puedo dar testimonio por experiencia personal. Permítame mostrarle.

Mi esposo siempre ha disfrutado de los deportes, y yo, por el contrario, nunca los he disfrutado. Le encanta ver los juegos de pelota por televisión cuando está en casa, lo cual era algo que yo detestaba porque me dejaba sin nada qué hacer. Así que optaba por "trabajar". Después de todo, si alguien disfruta su vida y usted no, una reacción carnal hacia eso hecho sería el ponerse a "trabajar" enfrente de esa persona mientras se encuentra gozando de un buen rato. ¡Tal vez eso pueda hacerlo sentir culpable!

Al menos, nuestra mente carnal opera de esa manera. Una vez, nuestra familia había asistido a la iglesia un domingo en la mañana y me preguntaba si Dave había planeado algo para esa tarde. Ya contaba con un mal proceder en mi corazón antes de hacerle la pregunta, dado que los juegos finales de la NBA se estaban transmitiendo por televisión por las últimas dos semanas, y él había estado viéndolos todas las noches.

Normalmente, un mal proceder viene seguido por un tono de voz y un lenguaje corporal. Hice la pregunta, y ya me hallaba molesta porque sabía la respuesta que me daría.

Y, por supuesto, no le había dado la oportunidad a Dios de que interviniese en el asunto porque ya había ideado un día desastroso.

Solíamos ir a casa y preparar almuerzo, limpiar el reguero mientras los niños jugaban, y Dave veía otro juego de baloncesto. Entonces, yo procedía a limpiar la casa, ¡porque todo lo que siempre he hecho a sido trabajar!

Mientras pensaba en todo eso cuando íbamos de camino, mi hija inquirió: "Papi, ¿vamos a tener el nuevo canal de pelota que ofrece el servicio de televisión por cable, y así poder ver los juegos todo el tiempo?".

"No sé", respondió Dave. "No he decidido aún. Necesito averiguar cuanto cuesta." Y dijo luego: "Tal vez quitemos el Disney Channel y pongamos el canal de pelota. De todas formas, nunca veo que alguien se ponga a ver el Disney Channel.

De inmediato, intervine en la conversación al decir que "Danny siempre ve ese canal, ¡y no vas a quitar el *Disney Channel* para poner otro canal de pelota!".

Dave dijo algo a lo cual le respondí rápidamente. Dijo luego algo más, y le respondí también. Nuestras voces subieron de tono hasta llegar a gritarnos mutuamente. Ya cuando llegamos a casa, ambos estábamos enfadados. Y los niños se hallaban molestos, por nosotros estar molestos.

Esperé dos horas para que Dave se disculpara conmigo, y yo no mostraba la más mínima señal de arrepentimiento. Preparé el almuerzo, tiraba los platos sobre la mesa, hacía todo el ruido posible y esperaba dar muestras de mi desagrado con mi comportamiento. Cuando llegó el momento en que la familia se sentó a comer, dije que no tenía hambre, y me fui a otra habitación.

Ya ministraba para ese entonces, y tenía programado dar clases de formación profesional sobre la Biblia en nuestra iglesia al día siguiente. Necesitaba prepararme para dar la lección, y se me hacía imposible estudiar la Biblia si no tenía paz en mi corazón. No puedo acercarme a Dios de forma adecuada si estoy molesta con alguien. Sabía que necesitaba ir más allá de donde me hallaba emocionalmente. Era obvio que Dave no se inclinaba a dar el primer paso.

Finalmente, después de decirle a Dios en varias ocasiones que consideraba que Él debería hacer que Dave viniera y me pidiera disculpas, dije de mala gana: "¡Está muy bien! Iré a disculparme con él".

Fui a la sala de estar donde Dave estaba viendo el juego de pelota. La primera vez que le pasé por el lado, no estaba en mí decirle: "¡Perdóname!".

Así que fui a la cocina y entonces traté de ir de nuevo donde él. Tenía la esperanza de que saliera algo de mi boca esta vez, pero el intento fue fallido.

Estaba tan molesta y llena de terquedad que sentía que iba a estallar, aunque Dios también estaba trabajando conmigo para que hiciera las paces con mi esposo. Pensé que mejor haría ejercicios por un rato. Saqué el equipo de hacer ejercicios para rebotar (una especie de trampolín en miniatura), y empecé a dar brincos en la cocina, pensando: "Bueno, tal vez Dave llegue a escuchar que estoy acá afuera y salga a pedirme disculpas".

Tenía el trampolín miniatura ubicado en una esquina de la cocina. Me puse de frente a la pared para no mirar a nadie que entrase a la cocina. Mi hijo Daniel, quien tenía cuatro años para ese entonces, entró y me dijo: "Mami, ¿porqué te escondes de nosotros?".

"No me estoy escondiendo", contesté.

"Sí que lo estás haciendo, respondió. "Estás trotando de manera que tu cara queda mirando hacia la esquina."

Ese señalamiento hizo que me percatara de que precisaba crecer y dejar de actuar como un bebé. Sabía que necesitaba salir de la esquina y dejar de hacer expresiones faciales. Fui donde Dave, y aunque todavía no estaba en mí decir nada, me incliné y lo besé.

"Te amo", me dijo.

"Y yo a ti", le contesté, "pero me gustaría tumbarte la cabeza". El respondió: "Lo sé, pero se te pasará".

Nos reímos, fui a la cocina y almorcé. Entonces, me fui a estudiar.

¿Qué puede hacerse una vez se dé una situación como esa?

¡Nada! Lo único que resta hacer es perdonar y seguir adelante. Claro está, le pedí a Dios que me perdonara, pero aún después de pedirle perdón, tenemos que optar aceptarnos o perdonarnos, olvidar lo que sucedió y seguir adelante en la vida.

Ya había perdido casi medio día al optar por una reacción carnal ante una discrepancia familiar.

Ahora, la pregunta era la siguiente: ¿Qué haría con el resto del día? Nunca disfrutaremos verdaderamente la vida hasta tanto aprendemos a olvidar nuestros errores y nos neguemos a vivir lamentando el pasado.

Los errores son algo común de la vida. Yo pasé muchos años de mi vida odiándome por cada uno de mis fracasos. Con despero, quise ser una buena cristiana. Quería agradar a Dios, pero pensaba todavía que lo que le agradaría sería mi comportamiento perfecto. Aún no había aprendido que se complacía con mi fe.

En Hebreos 11:6 dice:

Pero sin fe es imposible agradar a Dios...

El estar molestos cuando pudiésemos disfrutar de la vida, hace que continuar tristes, por un largo período de tiempo por el primer error, sea inutil, aún cuando cometemos errores y perdemos tiempo valioso como resultado de esos errores.

Ya había perdido parte del día, pedido disculpas y todo eso, pero tuve que resistir la tentación de echar a perder la otra mitad del día, al lamentarme por la primera mitad.

Si usted cometió un error hace veinte años o diez minutos, no hay nada aún por hacer que no sea pedir perdón, recibirlo olvidar el pasado y salir adelante.

Posiblemente habrá algún tipo de restitución que pueda resarcir a quien le haya hecho daño, y, si fuese ese el caso, hágalo.

Pero, en "resumidas cuentas", usted debe liberarse del pasado para poder comprender el futuro. Hasta que no haga eso, no disfrutará la vida de la manera que Dios quiso que fuese cuando envió a Jesús.

¡Recuerde siempre que el lamentarse nos roba el *ahora*!

Dios nos ha llamado a caminar por fe. La fe opera en el ahora, en el presente.

Creo que Dios se ha encargado de mi pasado y mi futuro; por ende, no tengo que vivir con lamentos o temores.

En Hebreos 11:1 dice: "*Ahora*, es, pues, la fe la certeza de lo que se espera, la convicción de lo que no se ve". La escritura comienza con la palabra "ahora". Aunque sé que la palabra griega traducida significa, de hecho, "pero, y, pues, etc."[3], en vez de "en este preciso momento", y considero todavía que el término podría usarse como para describir la fe en sí.

¡La fe opera ahora!

Sin fe, no puedo disfrutar de mi vida. Cada vez que me aparto de mi fe y dejo de creer, pierdo la paz; y tan pronto sucede eso, mi gozo se va con ella.

Hay muchas cosas de las cuales nos lamentemos.

Una mañana, Dave me levantó a la hora usual, y yo no había dormido lo suficiente. Así que decidí dormir por un poco más de tiempo. Normalmente, me levanto a las 6:00 a.m., pero esa mañana específicamente dije: "Déjame dormir por unos cuarenta y cinco minutos más".

Cuando Dave me levantó cuarenta y cinco minutos más tarde, lo primero que sentí y pensé fue que lamentaba no haberme levantado más temprano.

Usted debe entender que esta es la manera en la que el diablo actúa. Dios le dirá qué es lo que está a punto de hacer mal, de modo que pueda cambiar de manera de pensar antes de que cometa un error.

Satanás espera a que ya sea muy tarde, cuando usted ya no puede hacer nada al respecto, y trata luego de hacer que se lamente y condene.

Si iba a ser un error el que yo durmiese unos cuarenta y cinco minutos más, hubiese sentido de corazón que Dios me aclaraba ese punto, mediante su Espíritu, antes de que me fuese a dormir de nuevo. Él no hubiese esperado hasta el momento en el que ya no pudiese hacer nada y llenarme luego de lamentos para que no pueda disfrutar del resto del día.

Aún si usted durmiese de más o se fuese a la cama de nuevo cuando, de hecho, debió haberse levantado temprano, el lamentar la situación no sería la respuesta a ello. Arrepiéntete, pídale a Dios que pueda disciplinarse más y tener autocontrol en la siguiente ocasión y siga adelante. Si ya ha perdido parte del día por dormir más de lo necesario, no hay ningún uso en perder más tiempo, lamentándose por el que ya perdió.

¿Alguna vez ha comido algo en un restaurante y después se pasó las horas siguientes lamentándose por haber ido al lugar? Tal vez la comida no le supo bien o tuvo un servicio pobre. Posiblemente, perdió mucho tiempo esperando o quizás el ambiente no era muy agradable que digamos. Cualquiera que sea el caso, una vez la comida haya llegado a su estómago, no haría ningún bien el que lamente el dinero que gastó.

Esta resulta ser una lección que tuve que aprender, debido a que soy meticulosa con lo que consumo. Cuando me siento a comer, me gusta que determinadas cosas sean de cierta manera. Me gusta el café acabado de hacer, la comida caliente, la ensalada crujiente, entre otras cosas.

Los viajes hacen que tanto Dave como yo vayamos a muchos restaurantes, por los cuales oramos y esperamos sean buenos, pero nunca sabemos del todo como son hasta que ya es muy tarde para cambiar de parecer.

He tenido que aprender a decir: "¡Bueno! Es tan sólo una de los tantos alimentos que ingeriré en el transcurso de mi vida. Ojalá hubiese sido mejor, pero no voy a desperdiciar tiempo en lamentar que fui a ese lugar".

Encontrará muchas áreas de su vida en las que Satanás intenta causar que se lamente, lo cual es algo que nos roba el gozo. No permita más que utilice el lamento para robarle el disfrute.

El temor

El temor nos hace lo mismo que el lamento, excepto que el temor nos ubica en el futuro, y el lamento nos ubica en el pasado. Desperdicié muchos años en los que el lamento me halaba un brazo y el temor el otro. Resultó que me sentía como si me hubiesen hecho pedazos, y ni siquiera sabía cuál era el problema.

Esa es una le las razones por las cuales me siento feliz de poder compartir estas verdades con usted, porque considero que puede aprender de mis errores y evitar muchos de los sufrimientos que soporté. El lamento y el temor están arruinando la vida de miles de personas, al robarles el gozo y el disfrute.

Tal vez, cuando comenzó a leer este libro, usted no se sentía contento, estaba falto de gozo y ni tenía idea del porqué. Oro para que sus ojos se abran.

Creo que el compartir la verdad es una de las formas en las que Jesús abría ojos faltos de vista. En ocasiones, los ojos sin visión que Él abre no son ojos físicos, sino ojos espirituales.

A veces, pensamos que necesitamos un milagro en la situación que atravesamos cuando lo que necesitamos verdaderamente es el milagro de una revelación que haga cambiar nuestra actitud y altere nuestro acercamiento a la vida.

Temerle a las cosas puede convertirse en un hábito, una actitud que surge del letargo y el ocio. A menudo, el postergar y el temer van de la mano. Cuando le tememos a una tarea que se aproxima, el postergar dice: "Déjalo para más tarde". Eso suena bien sólo por unos minutos, pero la tarea sigue ahí sin realizarse todavía, y nosotros seguimos con temor hasta el momento de terminarla. Sería mucho mejor realizarla y sentirnos libres para seguir con otras.

Nuestro hijo menor, Daniel, tenía la costumbre de postergar las cosas, en el aspecto laboral principalmente. Postergaba el trabajo, pero no la diversión. Dios le habló y le dio una revelación. El Espíritu Santo le dijo: "Toma más esfuerzo y energía tratar de salir del trabajo que continuarlo y realizarlo".

Es posible que no lo sepa, pero el temor es pariente del pavor. Sabemos que Dios no nos ha dado un espíritu de temor (2 Timoteo 1:7), y como el temor es algo que Él no nos dio, por ende, sabemos que tampoco nos dio el pavor. De hecho, la Biblia nos enseña en varios lugares a no temer.

En Deuteronomio 1:29, 30, donde se encuentran las palabras que Moisés les dijo a los Hijos de Israel acerca de los enemigos que poseyeron la Tierra Prometida:

> No temáis, ni tengáis miedo de ellos. Jehová vuestro Dios, el cual va delante de vosotros, él peleará por vosotros, conforme a todas las cosas que hizo por vosotros en Egipto delante de vuestros ojos.

Fíjese que el versículo 30 menciona al "Dios, el cual va delante de vosotros". Jesús es el pionero (Hebreos 2:10). Eso significa que Él se nos adelanta y prepara el camino. Cuando un proyecto le parezca imposible o desagradable, confíe en Jesús, el Pionero que va delante y hace el camino. Tal vez tenga que estar alrededor de personas que usted siente no lo aceptan. Usted no disfruta de estar cerca de éstas porque siente que lo rechazan. En vez de desperdiciar energía por temerle al evento —como usualmente haría— dedique la misma energía espiritualmente, al confiar en su Pionero para ir delante de usted y hacerle el camino más fácil.

El temor es pavor, y nos lleva al desastre. Es la puerta que Satanás tiene abierta para traernos lo que tememos o le tenemos pánico. He hallado que el tenerle pánico a una labor resulta más doloroso que realizarla. Una vez haya realizado la labor, ya está hecha. Pero mientras la postergue, el pavor continuará.

1 Crónicas 22:13, es otra de las Escrituras que nos alerta contra el temor. Se halla en el versículo que les pronunció el rey David a los israelitas:

> "Entonces serás prosperado, si cuidares de poner por obra los estatutos y decretos que Jehová mandó a Moisés para Israel. Esfuérzate, pues, y cobra ánimo; no temas, ni desmayes".

Me parece que esa Escritura dice que el temor no sólo nos mantiene alejados de la realización de la Palabra de Dios, sino que, por consiguiente, también nos entorpece nuestra prosperidad.

Según Hebreos 11:6, la recompensa le llega a quienes creen que Dios existe y le buscan con diligencia, quienes obran en la fe. En Romanos 14:23, Pablo dice que lo que no es fe es pecado. Creo que podemos decir con seguridad que el temor no es fe. Lo que se teme podría ser algo de mayor o hasta menor grado. Algunas personas temen levantarse en la mañana, conducir al trabajo, lidiar con el tránsito denso y tener que afrontar situaciones, lidiar con el jefe o sus empleados ir de regreso al hogar, entre otras cosas. Sienten pánico de fregar, ir a la tienda, lavar la ropa, limpiar el armario, lidiar con la familia y sus asuntos, y hasta de irse a dormir.

Podría ser que usted mismo desee adquirir vestimenta nueva, pero teme irse de compras. Tal vez le gustaría ver a una amistad o familiar que resida lejos de usted, pero usted no va porque teme guiar. El trayecto podría resultar ameno si cambiara de actitud. Haga uso del tiempo sabiamente, y ore o escuche música.

La mayoría de las personas le teme a ejercitarse, pero es algo que todos necesitamos. Es muy importante para mí hacer algún tipo de ejercicio aeróbico. Así que camino en la máquina trotadora. Como la mayoría de la gente, encuentro que deseo los beneficios del ejercicio, pero me pasan malos pensamientos por la cabeza y la sensación de temor me colma. No tengo precisamente que aferrarme a eso sólo porque el diablo me los presenta. He aprendido a decir ¡no! Tan pronto el Espíritu Santo me alerta de la presencia del temor, digo: "No, no temeré; lo voy a hacer".

Si permito que *el temor* evite que haga ejercicios, entonces *lamentaré* no haberlos hecho. El tiempo que paso en la máquina de ejercicios lo uso para orar. En ocasiones, hago que mi secretaria vaya a la oficina y trabaje conmigo mientras me ejercito.

Se puede escuchar música, casetes o ver televisión mientras se hace ejercicios. Hacer un ajuste en nuestra actitud y manera de proceder puede cambiarlo todo.

Deje que este sea su día de determinación, un día en el que decida no temer más. Conviértase en una persona que actúa en el momento. Viva en el presente, no en el pasado ni el futuro. Dios tiene un plan para su vida ahora. Confíe en Él hoy. No lo deje para otro día.

Crea que Dios lo lleva a descansar en Él y le pone fin al tormento que causa el vivir en temor y con lamentos, pero debe actuar para creer en Dios hoy. No espere hasta mañana.

Quien escribió Hebreos 4:7 dijo acerca del Señor:

> "Otra vez termina un día: Hoy, diciendo después de tanto tiempo, por medio de David, como se dijo: Si oyeres mi voz, no endurezcáis vuestros corazones".

Considero que esta palabra le aplica a todos los que la leen ¡en este preciso momento! Conforme vaya leyendo la Palabra de Dios, a medida que vaya escuchando su voz, no endurezca su corazón. Crea en el presente, y comience hoy a rechazar el vivir en temor y con lamentos. Deje que este libro sea el punto de contacto para dejar salir la fe, y aférrese a la promesa de Dios de encargarse de su pasado y futuro.

En Hebreos 4:2, se nos dice que los israelitas escucharon este mensaje, pero no les benefició por no fusionarlo con la fe. He aprendido que podemos escuchar cada vez más acerca de las promesas de Dios, pero llega el momento en que tenemos que dejar salir a flote la fe y decir:

> "Eso es mío, y no viviré ni un día más sin hacer todo lo posible para disfrutarlo".

Quítese la presión de encima

Por experiencia aprendí que es posible lograr vivir la vida día a día. Dios me da la gracia para el día de hoy, pero no me da hoy la gracia de ayer o mañana.

Cuando intento vivir hoy el día de ayer, me produce gran tensión. Lo mismo sucede si estoy viviendo el futuro, temiendo o descifrándolo. Hasta he descubierto que me pone gruñona, porque lo hago bajo presión. Cuando Dios unge algo, hay un Espíritu Santo que lo alivia. El aceite es uno de los símbolos del Espíritu Santo; y el aceite manifiesta alivio. Cuando ese aceite de unción está ausente, todo se dificulta.

Sin unción, las cosas se realizan bajo presión. Vivir con lamentos y temor es tener presión.

Quítese ese peso de encima, créale a Dios y entre en su reposo.

Tórnese en una persona que viva el presente.

4

EL GOZO Y LA PAZ SE HALLAN AL CREER

4

EL GOZO Y LA PAZ SE HALLAN AL CREER

Porque el reino de Dios no es comida ni bebida, sino justicia, paz y gozo en el Espíritu Santo.

Romanos 14:17

El gozo nunca sale a relucir a través de incredulidad, pero está siempre presente donde se halla la creencia.

Creer es mucho más fácil que no creer.

Si no le creemos a Dios, a su Palabra ni sus promesas, entonces nos resta la tarea de razonar e intentar resolver los asuntos por nuestra propia cuenta. El que escribió a Hebreos 4:3 se per cató de que quienes hayamos creído entran en el reposo de Dios.

En Hebreos 4:10, escribió:

Porque el que ha entrado en su reposo, también ha reposado en sus obras, como Dios de las suyas.

En Mateo 11:28, Jesús dijo:

Venid a mí todos los que estáis trabajados y cargados, y yo os haré descansar.

Jesús nos enseño a recurrir a Él, pero *¿cómo* recurrimos a Él? En Hebreos 11:6, dice:

> Pero sin fe es imposible agradar a Dios; porque es necesario que el que se acerca a Dios crea que le hay, y que es galardonador de los que le buscan.

Eso significa que cuando recurrimos a Dios, debemos hacerlo creyendo. Cuando lo hagamos, tendremos gozo, y, donde hay gozo, *habrá disfrute*.

¿Qué pasa conmigo?

Una noche, me pareció sentirme triste. Tan sólo caminaba por la casa, hacía lo que tenía que hacer, pero no estaba contenta, no disfrutaba de la vida. "¿Qué pasa conmigo, Señor?", le pregunté. "¿Cuál es el problema?"

Tal parecía que algo estaba oculto dentro de mí; algo que drenaba la alegría fuera de mi ser. Mientras rondaba por la casa, comencé a observar el cajón de Escrituras que mantenía en mi escritorio.

Lo abrí, y el Espíritu Santo dentro de mí confirmó al instante la siguiente Escritura:

> Y el Dios de esperanza os llene de todo gozo y paz en el creer, para que abundéis en esperanza por poder del Espíritu Santo.
>
> Romanos 15:13

De inmediato, supe que gran parte del problema era simplemente que dudaba y no creía. Dudaba del llamado de Dios en mi vida, y me preguntaba si Él me cubriría nuestras necesidades económicas y cuestionaría mis decisiones y acciones, entre otras cosas.

Me torné negativa en lugar de positiva.

La duda es un proceder que muy fácilmente se apodera de nosotros. Por eso, debemos vigilar que no dejemos que suceda. Definitivamente, la duda podría llegar a tocar la puerta de nuestro corazón. Cuando eso suceda, responda con un corazón creyente y siempre obtendrá la victoria.

La mente negativa y con dudas está llena de razonamientos. Las circunstancias y situaciones le dan vueltas en la cabeza, e intenta hallar respuestas a las mismas. En la Palabra de Dios, no se nos enseña a buscar nuestras propias respuestas. No obstante, se nos enseña a confiar en Dios con todo el corazón y la mente (Proverbios 3:5). Cuando seguimos las pautas que el Señor nos ha dado, nos traen gozo y paz de modo certero.

El gozo definido

Esa es la voluntad de Dios para nosotros, que tengamos y disfrutemos la vida. Jesús no murió para que ni usted ni yo estemos tristes. Él murió para librarnos de todo tipo de opresión y tristeza. Su trabajo ya concluyó, y lo único que nos queda por realizar es creer.

Lo que entiendo por gozo, como resultado de años de estudios en el tema, es que cubre una amplia gama de sensaciones, desde la tranquilidad placentera hasta el esparcimiento en extremo. Los momentos de extremo esparcimiento resultan divertidos, y todos necesitamos de esos momentos de risa hasta dolernos los costados.

Tal vez no vivamos de esa forma nuestra vida cotidiana, pero necesitamos de esos momentos. Discutiré el valor de la risa más adelante en el libro. Dios nos ha dado la capacidad para reír, así que ¡debe haber una razón para eso!

Debemos desarrollar la capacidad para disfrutar de la vida y ser capaces de decir: "Vivo la vida en un estado de tranquilidad encantadora". Considero que la tranquilidad placentera es la fusión de la paz con el gozo.

DISFRUTE EL CAMINO HACIA SU DESTINO

Según el *Vine's Complete Expository Dictionary of Old and New Testament Words,* algunos de los términos griegos relacionados con el gozo en la Biblia significan "placer", "alegría", "disfrute abundante", "gozo exuberante", "exultar, regocijarse en gran manera... con exceso de gozo"[4]. Una nota de explicación en el diccionario bíblico Vine dice: "El gozo está asociado con la vida..."[5]

El Webster define el término *gozo* como "una gran satisfacción o felicidad: PLACER", "Una fuente u objeto de placer o satisfacción", y (en la forma arcaica) "Colmar con alegría" o "Disfrutar"[6].

En el diccionario bíblico Vine, los dos términos griegos que se traducen como "disfrute" en la Biblia son:

1) *tunchano*: un verbo cuyo significado es "alcanzar, tomar, obtener", el cual se traduce también como "disfrutar (ejemplo: obtener para satisfacción nuestra)", y

2) *apolausis:* un sustantivo que significa "diversión", cuya forma procede de "apolauo", otro término griego que significa "echar mano de, disfrutar algo", y "sugerir la ventaja o el placer que se obtiene de algo"[7].

En el diccionario Webster's, el verbo *disfrutar* se define como "regocijarse", "derivar placer del GOCE", "tener el beneficio o el uso de" (como en la expresión "disfruta de la buena vida") y "hacer feliz" (como en la frase "disfrutarse con un juego nuevo")[8].

Tenga vida y disfrútela

En Juan 10:10, vemos que Jesús vino para que tengamos vida y la disfrutemos. Resultan ser dos cosas diferentes para mí, pues es posible que tengamos vida y no la disfrutemos.

El Webster usó el término "goce" para definir diversión. Véalo de esta forma: Las personas le ponen salsa a los perros calientes o los emparedados para que sepan mejor. Esos alimentos se pueden ingerir sin condimento, pero la salsa le añade sabor, el disfrute del mismo.

La vida es igual a eso. Podemos vivir la vida de una manera insulsa, ir sobre la marcha del trabajo, realizarlo y nunca disfrutar la vida de verdad.

Disfrutar de la vida es una decisión que se toma, así de igual a cuando optamos por ponerles salsa a los perros calientes. Jesús nos dio vida para que podamos obtener el placer de estar vivos, no tan sólo para que vayamos sobre la marcha y sobrevivamos hasta que Él venga por nosotros o nos lleve a casa.

¡La vida debe celebrarse!

Celebre la vida

Más el fruto del Espíritu es amor, gozo, paz, paciencia, benignidad, bondad, fe, mansedumbre, templanza; contra tales cosas no hay ley.

Gálatas 5:22, 23

La duda y la incredulidad se roban el gozo, pero el tan sólo creer con inocencia deja salir a flote el gozo que hay en nuestro espíritu, debido al Espíritu Santo que mora en nosotros. Como vemos en Gálatas 5:22, 23, el gozo es uno de los frutos del Espíritu Santo. Por consiguiente, nosotros los creyentes debemos manifestar gozo y disfrutar la vida, ya que estamos llenos del Santo Espíritu de Dios.

Tal vez lo observemos de esta forma: el gozo está en la parte más profunda de la persona que haya aceptado a Jesús como su Salvador, puesto que el gozo está en el espíritu de esa persona. Pero si el alma de esa persona (su mente, su voluntad y sus sentimientos), llegase a estar llena de preocupaciones, pensamientos negativos, razonamientos, duda e incredulidad, esas cosas negativas se tornarán como en una especie de muro que retendrá el flujo del fruto del gozo que mora en ella.

El apóstol Pedro dijo que echásemos toda nuestra ansiedad y preocupaciones sobre el Señor (1 Pedro 5:7). Pedro les exhortaba a los creyentes de su época lo siguiente:

DISFRUTE EL CAMINO HACIA SU DESTINO

> Por nada estéis afanosos, sino sean conocidas vuestras peticiones delante de Dios en toda oración y ruego, con acción de gracias. Y la paz de Dios, que sobrepasa todo entendimiento, guardará vuestros corazones y vuestros pensamientos en Cristo Jesús.
>
> Filipenses 4:6, 7

Mantenga su mente llena de pensamientos de felicidad y alegría, que mientras confíe en Dios, Él se encargará de todos sus problemas.

¡Crea!

> Respondió Jesús y les dijo: Esta es la obra de Dios, que creáis...
>
> Juan 6:29

En realidad, el plan de Dios es tan sencillo que lo pasamos por alto en muchas ocasiones. Tendemos a buscar algo más complejo —algo más difícil— de lo que se espera hagamos para agradar a Dios. Jesús nos ha dicho que lo que tenemos que hacer para agradar al Padre es "¡creer!"

Jesús dijo también:

> De cierto os digo, que el que no recibe el reino de Dios como un niño, no entrará en él.
>
> Lucas 18:17

Hace un par de años, comencé a darme cuenta que era una persona compleja y mi costumbre por complicar las cosas me robaban el gozo; me impedían disfrutar verdaderamente de la vida. Fue entonces cuando Dios empezó a hablarme sobre la simplicidad.

Con frecuencia, escribo las cosas que Dios me enseña o trata conmigo en un diario o cuaderno. He aquí algunas de las cosas que escribí en octubre de 1988:

"Por mucho tiempo, he estado luchando internamente con algo que no puedo definir. Creo que Dios me saca de ser compleja y trata de enseñarme a 'ser', en lugar de 'hacer' todo el tiempo. Él trata de enseñarme a disfrutar de las cosas simples."

"Tal parece que sigo buscando algo que de verdad pueda disfrutar hacer en mis ratos libres y no se me ocurre nada. Anoche, me pareció que el Señor me decía: 'Aprende a disfrutar de las simplezas de la vida'. Y procedí a escribir: 'Ayúdame, Señor. No estoy segura si sé lo que es la simpleza."

He tenido que aprender, y sigo aprendiendo, lo que es la simpleza y cómo acercarme a las cosas con una actitud sencilla. Una de las cosas que he aprendido es que *creer es mucho más sencillo que dudar*. La duda nos trae confusión y, a menudo, depresión. Provoca que hablemos con dudas y nos salgan expresiones negativas.

Por otro lado, el creer libera el gozo, y nos deja en libertad para disfrutar la vida en lo que Dios se encarga de nuestras situaciones y circunstancias.

Suena demasiado bueno como para ser cierto, y es precisamente por eso que muchas personas nunca entran en el plan de Dios. Hay un sinnúmero de personas que han aceptado a Jesús como su Salvador. Están camino al cielo, pero no disfrutan del viaje.

Es como una persona quien recibe una casa nueva como obsequio. Se le dan las llaves, que incluyen las del garaje, la puerta principal y posterior, el sótano y todas las habitaciones con cerraduras en la casa. La casa podrá pertenecerle, y usted ser el dueño de la misma durante toda su vida, pero podrá ser que nunca la habite ni la disfrute si no usa las llaves para abrir las puertas y entrar.

Muy a menudo, nuestra pecaminosa conciencia es lo que nos impide entrar en y disfrutar de la vida que Dios gratuitamente nos otorgó.

El pecado

Porque no tenemos un sumo sacerdote que no pueda compadecerse de nuestras debilidades, sino uno que fue tentado en todo, según nuestra semejanza, pero sin pecado. Acerquémonos, pues, confiadamente al trono de la gracia, para alcanzar misericordia y hallar gracia para el oportuno socorro.

Hebreos 4:15, 16

Examinemos el asunto del pecado. Las personas luchan contra sus pecados, y a menudo, es una de las razones principales por las que no entran en la vida llena de gozo que obtuvimos a través de la muerte de Jesús por nosotros.

El pecado es un verdadero problema para la mayoría de las personas, y lo interesante de eso es que el pecado no tiene necesariamente que ser un gran problema.

¿Sabía usted que Dios ya proveyó en su Palabra para los errores humanos, la debilidad y los fracasos? Muchas personas sacan de proporciones el asunto mucho más allá que Dios mismo en su Palabra.

Hebreos 4:15, 16 nos dice que **Jesús entiende** nuestra fragilidad humana porque fue tentado de la misma forma que nosotros, y no pecó. Por lo tanto, porque Él es nuestro Sumo Sacerdote, que intercede por nosotros ante el Padre, podemos ir ante el trono de Dios con valentía para recibir la gracia, el favor, la misericordia y la ayuda que necesitamos.

Crea y reciba

Fíjese que en las Escrituras dice que vamos ante el trono de Dios para *recibir*. Quiero hacer hincapié en este punto, debido a que, en cierto sentido, el término "recibir" resulta ser sinónimo de "creer".

El diccionario Webster dice que "creer" significa "aceptar como verdadero o real"[9]. En el mismo diccionario, dice que "recibir" significa "tomar algo (algo dado, brindado o transmitido)"[10].

En el reino espiritual, cuando usted y yo creemos en algo, lo recibimos en el corazón. Si se necesitase de una manifestación física, vendrá luego que hayamos creído, no antes. En el mundo, se nos enseña a creer en lo que vemos. En el Reino de Dios, debemos aprender a creer primero y entonces es que veremos manifestado lo que hemos creído (recibido, admitido de corazón).

En Marcos 11:23, 24, Jesús les dijo a sus discípulos:

> Porque de cierto os digo que cualquiera que dijere a este monte: Quítate y échate en el mar, y no dudare en su corazón, sino creyere que será hecho lo que dice, lo que diga le será hecho. Por tanto, os digo que todo lo que pidiereis orando, creed que lo recibiréis, y os vendrá.

Cuando Jesús dijo que cualquier cosa que le pidiésemos a Dios nos será *dada* una vez creamos, lo que decía era que lo recibiremos *gratuitamente*.

Uno de nuestros retos más grandes es que no confiamos en el término "gratis". De inmediato, encontramos que las cosas no son, en realidad, gratis en el sistema del mundo. Aun cuando se nos dice que son gratis, existe usualmente un coste oculto de alguna forma.

No obstante, las cosas resultan ser diferentes en la economía de Dios. Todo resulta ser un regalo para nosotros. Y lo único que uno puede hacer con un regalo es recibirlo con gracia y un corazón agradecido.

La salvación y el perdón continuo por nuestros pecados son regalos otorgados a nosotros por Dios por haber aceptado a su Hijo Jesucristo.

Cuando cometemos un error, mostramos alguna debilidad o fallamos de alguna forma, podemos dudar que Dios no nos ame,

DISFRUTE EL CAMINO HACIA SU DESTINO

cuestionarnos si está molesto con nosotros, intentar realizar todo tipo de obras buenas para expiar la falla y dejar nuestro gozo como sacrificio por el error. O bien podemos simplemente *creer* lo que leemos en 1 Juan 1:9:

> Si confesamos nuestros pecados, él es fiel y justo para perdonar nuestros pecados, y limpiarnos de toda maldad.

Además, tengo debilidad por las palabras de Juan tal como se recogen en 1 Juan 2:1, 2:

> Hijitos míos, estas cosas os escribo para que no pequéis; y si alguno hubiere pecado, abogado tenemos para con el Padre, a Jesucristo el justo. Y él es la propiciación por nuestros pecados; y no solamente por los nuestros, sino también por los de todo el mundo.

Lo que Juan decía era: "Haz lo mejor que puedas para no pecar, pero cuando usted comete un error, Jesús intercede por nosotros, y ya ha pagado por nuestro error".

En nuestras conferencias, les digo a las personas que han determinado creer en Jesús como su Salvador lo siguiente: "Jesús ha perdonado todos los pecados, no sólo el mal que hemos hecho, sino cada cosa mala que habremos de hacer. Él ya pagó por nuestros pecados y errores, y determinó limpiarnos".

No en balde al Evangelio se le llama "buenas nuevas". Pero recuerde que todas esas bendiciones, libertades y regalos maravillosos se reciben a través del creer.

Lucas, capítulo dos, registra que después del nacimiento de Jesús, un ángel apareció ante unos pastores que velaban sus rebaños en el campo: ... **el ángel les dijo: No temáis; porque he aquí os doy nuevas de gran gozo, que será para todo el pueblo: que os ha nacido hoy, en la ciudad de David, un Salvador, que es CRISTO el Señor** (Lucas 2:10, 11).

Podemos captar de esta Escritura que cuando entendemos, creemos y recibimos de la forma adecuada, el Evangelio se supone lleve gran felicidad, no la condenación por los pecados. No pierdo el tiempo meditando en mis pecados. Hubo una época en la cual si me preguntaban: "¿Qué fue lo último que hiciste mal, Joyce?", podía prácticamente decirle qué fue lo que hice mal, la hora exacta en que lo hice y por cuánto tiempo llevaba pagando por ello.

¡Era algo inconsciente! ¡Ahora, soy consciente en no hacerlo! Creo que soy justicia de Dios en Cristo (2 Corintios 5:21). Si me preguntasen la misma pregunta ahora, tendría que detenerme a pensar sobre ello. Eso no quiere decir que ya no haga nada malo, pero encargo de mis pecados mediante las Escrituras, liberando lo que queda atrás y extendiéndome a lo que está delante (Filipenses 3:13, 14).

Dios me ha librado de mi autoanálisis y autoconservación. Quiero decir con eso que ya no me preocupo por el mínimo error que cometa ni tampoco me engaño con pensar en que puedo "guardarme del pecado".

En cambio, cuando fallo —como nos sucede a todos— me recuerdo que el Señor me guarda, y es quien me guardará del mal, como leemos en el Salmos 121:3-5, 7, 8:

No dará tu pie al resbaladero, Ni se dormirá el que te guarda. He aquí, no se adormecerá ni dormirá El que guarda a Israel. Jehová es tu guardador; Jehová es tu sombra a tu mano derecha. Jehová te guardará de todo mal; Él guardará tu alma. Jehová guardará tu salida y tu entrada desde ahora y para siempre.

Además, tome en cuenta lo que dice Judas 24:

Y a aquel que es poderoso para guardaros sin caída, y presentaros sin mancha delante de su gloria con gran alegría.

Si liberamos el poder de Dios en guardar cuando creemos en Escrituras como las que acabo de citar, el fruto de tal creencia será de gozo triunfante y alegría de placer indescriptible y extasiado. Eso me suena maravilloso, ¿y qué tal a usted?

Perdí mi gozo en muchas ocasiones, al tratar de evitar cometer errores; pero una vez aprendí a confiar en el Señor para librarme de caer, ya no tenía que especializarme más en mis fracasos. Mi comportamiento empezó a mejorar y continúa mejorando. Los errores que cometí a lo largo del proceso ya están olvidados. Lo único que necesito hacer es admitir mis fracasos, confesarlos, y *recibir y creer* en la misericordia de Dios para que me limpie de la injusticia.

Disfrute de Dios

El gran llamado en la vida de cada creyente —la meta que cada uno de nosotros debe esforzarse a alcanzar— es la de disfrutar de Dios. Según Juan 1:4 y Juan 14:6, Él es la vida, y llegué a concluir que no puedo disfrutar de Dios a no ser que aprenda a disfrutar la vida.

Ninguno de nosotros puede disfrutar de Dios si estamos preocupados de si Él está enojado con nosotros la mayor parte del tiempo a causa de nuestros pecados.

Jesús vino para librarnos del temor equivocado que tenemos respecto a la relación nuestra con el Padre celestial. Debemos estar relajados ante su presencia. Precisamos de un temor reverente, el tipo de temor que provoca respeto, honor y obediencia.

Pero debemos limpiarnos el corazón y quitarnos de la mente la idea de que Dios está enojado con nosotros. Según su Palabra, Él está lleno de misericordia y compasión, y tardo para la ira (Nehemías 9:17).

Hace un par de años, el Señor me dijo: "Joyce, disto mucho de ser tan difícil de llevar como piensas que soy". No somos ninguna sorpresa para Dios. Él sabía lo que recibiría a cambio cuando nos hizo establecer una relación con El.

El Salmos 139 expone que antes de que nos formásemos en el vientre de nuestra madre, ¡ya Dios nos conocía! Él sabe las cosas que usted y yo habremos de hacer mal en el futuro y de las cuales no tenemos ni idea en este momento. No es el pecado lo que nos detiene, sino ¡la incredulidad!

Dios ha provisto lo suficiente por nuestros fracasos, pero no puede hacer nada por nuestro mayor fracaso. ¿Sabe por qué? Porque nuestro mayor fracaso es el no creer en lo que Él nos dijo. Está de nosotros creerle. Él hace el resto, pero es nuestra la decisión de escoger entre la vida y la muerte, el creer y el dudar, la alegría y la tristeza.

La vida profunda

Vivimos demasiado en la superficie.

En Lucas 5:4, Jesús le enseña a Simón Pedro y a los demás pescadores que iban en la embarcación junto con él: ... **Boga mar adentro, y echad vuestras redes para pescar.**

¿Desea capturar bendiciones en su vida? Si su respuesta es afirmativa, de lo cual estoy segura lo es, entonces tiene que dejar de vivir en la superficie, según lo que piensa y siente, y comenzar a vivirla de manera profunda, según lo que sabe muy en el fondo.

La fe se deposita en el espíritu. Romanos 12:3 dice que a cada hombre se le da una medida de fe. La fe es una fuerza que proviene del espíritu, y logrará maravillas; pero la fe debe llegar a un acuerdo.

Lo veo de la siguiente manera. Es posible que tenga fe en mi corazón para salir y hacer algo, pero si comienzo a llegar a un acuerdo con mi pensamiento, algunas ideas negativas, de duda e incredulidad podrían desviarme de lo que sé en el fondo de mi ser.

Cuando digo que la fe debe llegar a un acuerdo, a lo que me refiero es a que puedo tener fe en mi corazón, pero mi cabeza cree en lo contrario. Así, no veré que se dé lo que creo.

El Ben Campbell Johnson de interpretaciones de las paráfrasis de Marcos 11:22, 23, nos da una perspectiva sobre este punto:

> Jesús dijo: "Tened fe en Dios. Porque de cierto os digo que cualquiera que dijere a este monte: "Quítate y échate en el mar, y no dudare en su corazón, sino que creyere que será hecho lo que dice, lo que diga le será hecho.

La Biblia traduce las palabras de Jesús en el versículo 23 como si se refiriesen a cualquier ser quien cree y no duda. El Sr. Johnson las traduce como si se refiriese a quien no se separa de sus propias declaraciones.

En realidad, me gusta la manera de exponer este principio porque, a menudo, hacemos lo contrario de lo que establece. Creemos en algo si lo observamos con lo profundo de nuestro corazón, y creemos otra cosa si prestamos atención a nuestra mente.

Debemos entender que Satanás es un ladrón. Viene sólo a matar, robar y destruir. Toda bendición que Jesús ha provisto, Satanás desea robarla. La justicia, la paz y la alegría son las tres cosas principales en su lista.

Según Romanos 14:17, el Reino de Dios es justicia, paz y gozo. Tenga por seguro que Satanás anda suelto para hurtar el Reino. Crea en lo que la Palabra de Dios dice; exáltelo por encima de lo que piense o sienta.

En 2 Corintios 10:5, el apóstol Pablo escribió acerca de derribar argumentos y toda altivez que se levante contra el conocimiento de Dios, llevando cautivo todo pensamiento a la obediencia de Dios.

Con frecuencia, escuchamos la Palabra de Dios, y creemos en ésta cuando la escuchamos. Leemos en Romanos 10:17 que… **la fe es por oír, y el oír, por la palabra de Dios.** Cuando escuchamos la Palabra, la fe imparte la creencia en la misma. Pero la interrogante es que, una vez hayamos escuchado y creído en la Palabra, ¿seguimos creyendo en ella?

Usualmente, abandonamos el lugar donde la hemos escuchado y volvemos a meditar en nuestras circunstancias, y una vez más nos apartamos de la semilla que se nos plantó en el corazón. Se robaron la semilla que se plantó. Posiblemente diga: "Las aves se comieron la Palabra (Mr. 4:4).

Se supone que los creyentes crean

Mientras cierro este capítulo, me gustaría exhortarle que recuerde algo que creo le servirá de ayuda cuando le embargue la duda: *¡Los creyentes se llaman creyentes porque se supone que crean!* Es tan sencillo como eso, creer.

Como creyente, está de parte suya el que crea. Manténgase positivo, sencillo, y crea.

Les digo a las personas que estarían mejor si creyesen y nunca viesen ningún resultado a que no creyesen y nunca viesen nada. (El creer le producirá buenos resultados, pero hago una observación.)

El creer nos mantiene el corazón lleno de gozo. Así que, por lo menos, si usted creyese y nunca viese resultados, estaría feliz. Si no cree, usted nunca verá resultados positivos en su vida, y no será feliz. Además, lo sacudirá la pobreza en cada una de las áreas de su vida.

Si toma la determinación de querer disfrutar más de la vida en definitiva, entonces debe decidir también hacer algo sobre los ladrones de la duda y la incredulidad, porque es imposible disfrutar del viaje de la fe sin tener una creencia en el corazón.

5

LA SIMPLICIDAD

5

LA SIMPLICIDAD

Respondiendo Jesús, le dijo: Marta, Marta, afanada y turbada estás con muchas cosas. Pero sólo una cosa es necesaria...

Lucas 10:41, 42

Como dije en el capítulo anterior, llegué a un punto en mi vida en el sabía que Dios trataba conmigo sobre la simplicidad. En ese momento, era muy compleja en casi todo lo que hacía. No podía ni entretener a mis amistades sin que complicara todo.

No tan sólo eran mis acciones las complejas, sino también mi proceso de pensar. Complicaba mi relación con el Señor porque tenía un enfoque legalista sobre la justicia. Para mí, la vida misma era compleja. Sentía que tenía muchos problemas complejos, y no me percataba que eran así sólo porque mi enfoque hacia la vida era complicado.

Cuando somos complicados por dentro, todo lo demás en la vida nos parece que luce igual de complicado.

¿Es la vida simple o complicada?

El diccionario Webster define el término complicar como "hacer o tornarse complejo, intrincado o desconcertante" o "torcer o tergiversar"[11]. Según esa definición, si algo es *complicado*, es "difícil de entender"[12]

Por otro lado, el Webster define *simple* como "tener o estar compuesto de sólo una cosa o parte", "no complejo: *FÁCIL*", "sin modificaciones ni añadiduras", sin presunción ni pretensión", "que no es mentiroso: *SINCERO*", "sin divisiones", "sin sugestiones"[13].

Podemos aprender muchísimo de tan sólo meditar en estas definiciones. Por ejemplo, *complicar* es "tergiversar". Podemos observar de esa definición que si embargasen la duda y la incredulidad y se fusionasen o tergiversasen con la creencia, se obtendría la complicación como resultado.

Una definición de *complicado* es "desconcertante". Cuando entremezclo la duda y la incredulidad con la creencia, siento desconcierto, al no saber qué hacer, pero quedo con la tarea de descifrar la situación. Alcanzo a escuchar esto mismo tantas veces por parte de otras personas en el Cuerpo de Cristo que me hablan o piden que ore por ellas. Están desconcertadas. Los problemas parecen ser demasiado para estas personas. Se preguntan por qué sus oraciones no son escuchadas o contestadas.

En Santiago 1:6-8, leemos que el hombre de doble ánimo es inconstante en todos sus caminos y que no debe pensar que recibirá cosa alguna del Señor, y eso incluye la sabiduría y guía.

Mientras que algo *complicado* es "complejo, intrincado y desconcertante", y "difícil de entender", cualquier cosa simple es fácil de entender "por estar compuesta de una sola cosa".

Por años, busqué muchas cosas —como respuestas a mis situaciones, prosperidad, sanación, éxito en mi ministerio y cambios en mi familia, entre otras— y, al final, aprendí acerca de "la única cosa" de la cual estaba supuesta a buscar.

Hace siglos que el salmista escribió:

Una cosa he demandado a Jehová, ésta buscaré; que esté yo en la casa de Jehová todos los días de mi vida, para contemplar la hermosura de Jehová, y para inquirir en su templo.

Salmos 27:4

Me doy cuenta que debí haber buscado "una sola cosa", en vez de muchas cosas.

Cuando buscamos al Señor, Él se encarga de todas las otras cosas, como lo prometió Jesús en Mateo 6:33:

Mas buscad primeramente el reino de Dios y su justicia, y todas estas cosas os serán añadidas.

El relato de María y Marta señala también esta verdad.

¿Muchas cosas o una sola?

Aconteció que yendo de camino, entró en una aldea; y una mujer llamada Marta le recibió en su casa.

Esta tenía una hermana que se llamaba María, la cual, sentándose a los pies de Jesús, oía su palabra.

Pero Marta se preocupaba con muchos quehaceres, y acercándose, dijo: Señor, ¿no te da cuidado que mi hermana me deje servir sola? Dile, pues, que me ayude.

Respondiendo Jesús, le dijo: Marta, Marta, afanada y turbada estás con muchas cosas.

Pero sólo una cosa es necesaria; y María ha escogido la buena parte, la cual no le será quitada.

Lucas 10:38-42, Marta estaba ansiosa y se preocupaba por muchas cosas, pero María se preocupaba por una sola cosa.

Marta hacía lo que yo solía hacer, correr por ahí, tratando de hacer que todo quedara perfecto para impresionar a Dios y los demás. Al principio, me preocupaba mi reputación, lo que la gente pensaba de mí.

Me sentía mejor sobre mí misma cuando trabajaba. Sentía que valía más cuando lograba algo. Como Marta, me molestaba por personas como María, que se gozaban. Pensaba que debían hacer lo que yo hacía.

Ahora, es obvio que hay un tiempo para trabajar (ver Juan 5:17), y el logro es bueno. La Biblia nos enseña que debemos cosechar muchos frutos, buenos y en abundancia; cuando lo hacemos, nuestro Padre en el cielo es glorificado (ver Juan 15:8). Pero yo estaba sin proporción.

Por supuesto que Marta tiene su lugar, al igual que María. Mi problema radicaba en que yo era toda Marta y nada María. Amaba a Jesús, pero no había aprendido todavía acerca de la vida que Él deseaba yo viviese.

¿Fácil o difícil?

Una parte de la definición de *simple* es "fácil".

Por supuesto que mi vida no era fácil. Nada mío era fácil. Me parecía que todo era fácil para mi esposo, y nada lo era para mí. Mi esposo disfrutaba la vida, y yo no. Él "echaba toda su ansiedad sobre el Señor" (ver 1 Pedro 5:7), y yo estaba **afanada y turbada con muchas cosas** (ver Lucas 10:41). Él era tranquilo, sereno, calmado, y yo nerviosa y siempre malhumorada, viviendo en constante estado de desespero y preocupación.

Esos eran tiempos en los que me molestaba por Dave, debido a que las cosas parecían ser fáciles para él, y difíciles para mí. El era libre, y yo estaba atrapada. Yo no sabía cómo llegaba a las situaciones y mucho menos salir de éstas.

De verdad que no me daba cuenta de cuánto complicaba las cosas cuando Dios trataba conmigo sobre la simplicidad ni tampoco era capaz de reprender "el demonio de la complicación" y liberarme. Tenía mucho que aprender. Tenía muchos hábitos que romper, y había muchos nuevos que precisaba formar en mí.

Muchos de ellos tenían que ver con la manera en que afrontaba las situaciones.

Cuando empecé a buscar en la Escrituras el tema de la simplicidad, hallé sólo unas cuantas, pero he aquí una de las que descubrí. Era parte de una carta escrita por Pablo para los creyentes de la ciudad de Corinto:

> Pero temo que como la serpiente con su astucia engañó a Eva, vuestros sentidos sean de alguna manera extraviados de la sincera fidelidad a Cristo.
>
> 2 Corintios 11:3

El Viejo Pacto era complicado. Estaba repleto de reglamentos, pues, con lo que sí y lo que no podía hacerse. La Ley era complicada en sí, pero la complicación se componía por el hecho de que un hombre era quien se suponía la mantuviera perfecta, y no contaba con la capacidad de mantenerla.

Como no sabía que no era capaz de realizarlo, luchaba continuamente contra algo que no podía realizarse sin un Salvador.

Si desea vivir una vida complicada, compleja, sin gozo, entonces, ¡dedique su tiempo a tratar de hacer algo que no pueda realizarse!

¡Simplifíquese la vida!

El apóstol Pablo contaba con una gracia tremenda por Jesús, y era comisionado para enseñarle la gracia al pueblo judío. A Pablo, en 2 Corintios 11:3, le preocupaba que, a pesar de que algunos creyentes en Corinto habían aprendido acerca de la vida simple y estaban al tanto de la maravillosa simplicidad que tenían disponibles a través de Cristo Jesús, estaban aparentemente en peligro de ser engañados y perder la simplicidad.

Le diría a usted que a medida vaya progresando en simplificar su vida, recuerde siempre hacer lo que Pablo nos enseñó de la iglesia en Galacia:

Estad, pues, firmes en la libertad con que Cristo nos hizo libres, y no estéis otra vez sujetos al yugo de esclavitud.

Gálatas 5:1

Si llegase a vivir de forma simple, usted debe estar determinado en ganar su libertad, y más aún para mantenerla.

La segunda Escritura que hallé sobre la simplicidad es 2 Corintios 1:12, y vincula la simplicidad con el regocijo: *Porque nuestra gloria es esta: el testimonio de nuestra conciencia, que con sencillez y sinceridad de Dios, no con sabiduría humana, sino con la gracia de Dios, nos hemos conducido en el mundo, y mucho más con vosotros.* En este contexto, el término conversación significa "conducta" o "comportamiento"[14].

Aquí lo que Pablo decía era: "Nosotros tenemos gozo porque nos hemos conducido con sencillez y sinceridad en Dios, no con sabiduría humana, la cual incluye siempre mucho razonamiento, pero hemos vivido por la gracia de Dios".

No hay nada más sencillo que la gracia.[15]

¿Sencillez o complejidad?

Solía preguntarme por qué no había más acerca de la sencillez en las Escrituras o por qué no hay más referencias acerca de la misma, sobre todo, cuando parece ser un tema dolorosamente abusado y de gran necesidad.

El Espíritu Santo me mostró que el Nuevo Pacto entero es sencillo. Es posible que no use la palabra "sencillo" con mucha frecuencia, pero es la esencia de la sencillez, como la vemos en el plan de redención de Dios para la humanidad:

Jesús vino y pagó por nuestros pecados, al tomar nuestro castigo sobre sí. Se convirtió en nuestro sustituto, pagó lo que debíamos sin costarnos nada. Él hizo todo eso gratuitamente, por su gran amor, gracia y misericordia.

Él heredó todo lo que el Padre tiene para dar, y nos dice que somos coherederos con Él por virtud de nuestra fe. Ha provisto la manera para que la victoria total sea nuestra tanto aquí como en el más allá. Somos más que vencedores. Él ha conquistado, y nosotros recibimos la recompensa sin haber batallado.

Podría seguir mencionando más, pero estoy segura que usted captó el mensaje.

¿Cuánto más sencillo podría ser? No es complicado.

¡Nosotros lo complicamos!

La tarea de Satanás es complicar. Cuando regresamos a la sencillez y la mantenemos, estamos en guerra contra él.

Satanás odia la sencillez porque conoce el poder y el gozo que brindan.

Además, busqué libros que trataran de la sencillez, pero no conseguí muchos. Tuve que estar muy receptiva con el Espíritu Santo para que me enseñara cuando buscaba. De todos modos, las experiencias personales resultan ser la mejor maestra normalmente. Empecé a vigilar el tiempo de forma sistemática cuando no tenía gozo y luego me preguntaba por qué. A menudo, descubría que era porque complicaba el asunto. He aquí un ejemplo:

Dave y yo tuvimos una discusión una noche casi antes de la hora de ir a dormir. Dave es un hombre llevadero, quien no tiene ninguna dificultad en echar las cosas al olvido y seguir adelante. Ambos nos dijimos lo que sentíamos que necesitábamos decir, hasta que terminamos de discutir lo que a Dave le preocupaba y ya era la hora de ir a la cama. Se acostó y quedó dormido; yo me fui a la oficina para descifrar lo que había sucedido.

¿Cómo hicimos para ponernos a discutir? ¿Y qué puedo hacer para asegurarme que no ocurra de nuevo?

Debemos ser realistas, no idealistas. El realismo dice de plano que probablemente dos personas no vivan juntas por el resto de su vida en completo y absoluto acuerdo.

El idealismo dice: "Voy a hacer esto de manera perfecta". Las personas idealistas no disfrutan la vida con normalidad. Tienen ideas perfectas sobre cómo deberían ser las cosas, y cuando no funcionan de esa manera, se decepcionan.

Había determinado que buscaría yo misma una respuesta, y mientras más me mantenía buscando (supuestamente a Dios), más me frustraba. Al final, como a la una de la madrugada, dije: "Señor, ¿qué voy a hacer?".

Él me respondió: "Sencillo, ¿por qué no te vas a dormir?". He aquí otro ejemplo:

El entretener las amistades e invitados en nuestro hogar era algo que quería hacer, pero nunca lo disfrutaba en realidad. Conforme abría mi corazón a Dios, Él comenzó a mostrarme que hacía de algo simple todo un proyecto. Hacía planes para una barbacoa sencilla e invitaba a tres parejas para que compartiesen con Dave y conmigo. Y antes de que terminase, lo convertía en toda una pesadilla.

La complicación en demasía surge de la necesidad de impresionar a la gente impía.

Fui abusada cuando niña y, como resultado de eso, era muy insegura. Las personas que son inseguras tienden a esforzarse para impresionar a los demás porque se sienten que no impresionan con ser tal cual son.

Todo tenía que estar perfecto a la hora de entretener a los invitados, la comida y bebida apropiada, la casa inmaculada, el patio podado y todos los muebles de la terraza impecables. Todos los niños tenían que lucir como si acabaran de salir de una revista de modas, y, por supuesto, yo tenía que llevar puesto la vestimenta adecuada y cada cabello en su lugar.

Trabajaba tan arduo dentro y fuera que, antes de que comenzara la actividad, ya estaba agotada cuando llegaban los invitados.

Hasta su llegada no ponía fin a mi labor. Continuaba trabajando la mayor parte del tiempo que estaban presentes, preparando la comida, guardándola, fregando y barriendo la cocina para que ninguna migaja se pasase a la alfombra.

Entonces, había resentimiento en mi corazón y a veces en mi boca, porque tal parecía que todos la pasaban bien, se gozaban y todo lo que yo hacía era trabajar. Al final, tuve en encarar la verdad, y era yo quien creaba el problema. Bien pude haber tenido una manera más sencilla de hacer las cosas. Puede haber cocinado a la parrilla hamburguesas y perros calientes, calentado unos frijoles y colocar un envase con papas fritas.

No tenía que haber comprado filetes costosos ni hacer ensalada de papas que me tomaban dos horas en hacer, además de preparar otro plato de acompañamiento para alimentar a un pequeño ejército. (Siempre quise asegurarme de que no faltase comida, así que preparaba de más.) Pude haber hecho té helado, café y limonada, pero no conforme tenía lo antes mencionado más cuatro tipos de refrescos.

Espero que tenga una imagen mental del cuadro que les describo para que vea que tenía que cambiar para simplificar mi vida y poder disfrutarla. La vida no iba a cambiar, yo tenía que hacerlo. Me imagino que debe ser igual para usted. Le sugiero que empiece a buscar las formas en que usted complica las cosas, y pídale al Espíritu Santo que le enseñe la sencillez.

Oración sencilla

Sentía que me faltaba el verdadero gozo en mi vida de oración, y descubrí que mucho de eso tenía que ver con la complejidad del acercamiento. Antes que nada, quiero mencionar que ya había escuchado demasiado la opinión de los demás en cuanto a los asuntos por los cuales yo debería orar. La mayor parte de las personas están llenas de la esencia para la cual Dios los ha llamado a realizar y para lo cual están ungidos. Y sin tener la intención de hacer daño, dominan a los demás e intentan que cada cual haga la misma labor que ellos.

Yo era tan culpable como cualquier otra persona en ese renglón, hasta que Dios me aclaró el punto de que debo hacer la tarea para lo cual estoy ungida, y dejar que los demás hagan la labor para la cual Él los ungió. Las personas me decían que debería orar por los asuntos del gobierno, que el mismo estaba tan desordenado que necesitaba de mucha oración.

Otras decían que debería orar por el aborto, el SIDA o la gente sin hogar. Los misioneros me decían que por las misiones era que debería orar. Hay quienes dijeron que debería hacer guerra espiritual y otros que confesara la Palabra.

Escuchaba a personas que enseñan sobre la oración, y parecía que siempre salía de las reuniones con otra cosa más que debiera hacer al orar. Hubo quienes me decían por cuanto tiempo orar, mínimo una hora. Los madrugadores me decían que era mejor levantarse y orar temprano en la mañana.

Permítame decirle que nos hallamos orando por todos estos asuntos la cantidad de tiempo y hora correcta si seguimos la guía del Espíritu Santo en oración.

Había puesto como ley todas las "instrucciones" dadas por las personas, las cosas por las cuales sentía que debía orar. (Si usted tiene un enfoque complicado hacia la Palabra de Dios, todo se tornará en leyes en lugar de promesas.) Finalmente, pegué un grito y le pedí a Dios que me enseñara a orar. Y me enseñó unas cosas maravillosas que me trajeron el gozo que se supone haya en la oración.

Primero que nada, el Señor me enseñó que tenía que orar por lo que Él pusiese en mi corazón, no por lo que los demás quisiesen. Me mostró que tenía que orar cuando Él lo provocara y guiara a hacerlo, durante el tiempo que su unción estuviese presente. Me hizo ver que nunca podría disfrutar de la oración si era yo quien la dirigía; tenía que dejar que Él me dirigiera.

El Señor me enseñó también que debería acercarme a Él con sencillez. Ese es un punto muy importante. Como cualquier buen padre, Dios desea que sus hijos amados se le acerquen con sencillez y delicadeza. De alguna manera, había llegado al punto de gritar mucho mientras oraba. Y aunque hay ocasiones en que se alza el tono de voz, yo estaba fuera de proporciones.

Aprendí que no tenía que repetir múltiples veces las palabras ni las frases, lo cual tendemos a hacer para impresionar por como suenan. ¿Por qué no podemos aprender a exponer nuestra necesidad con simpleza, pedirle gracia a Dios para que nos ayude y seguir con lo que sigue?

El Señor me mostró que en lugar de orar en voz alta y por mucho tiempo, debería decir lo que hay en mi corazón y creer que me escuchaba, pues Él se encargaría de todo a su manera y en su tiempo.

Como resultado de lo que aprendí del Señor sobre la oración, desarrollé mi fe en lo que denomino como "la oración sencilla de fe", tal como se describe en Santiago 5:13-15:

> ¿Está alguno entre vosotros afligido? Haga oración. ¿Está alguno alegre? Cante alabanzas.
>
> ¿Esta alguno enfermo entre vosotros? Llame a los ancianos de la iglesia, y oren por él, ungiéndole con aceite en el nombre del Señor.
>
> Y la oración de fe salvará al enfermo, y el Señor lo levantará; y si hubiere cometido pecados, le serán perdonados.

En ocasiones, cuando le presento con sencillez a Dios la petición de mi necesidad o la de otro ser, me parece, en mi "naturaleza humana", que debería hacer o decir más. He hallado que cuando oro lo que el Espíritu Santo me dice, sin añadir nada más, la oración es muy sencilla y no se prolonga. Mi mente quiere decir: "Bueno, eso no es suficiente". La carne, generalmente, desea exceder lo que el Espíritu Santo nos da, y es ahí cuando nos roban el gozo que cada cosa se supone que tenga.

Digamos que un padre viene donde mí y me pide que ore por un hijo problemático. Yo digo: "Padre, venimos donde ti en el nombre de Jesús. Pongo una oración que cubra la familia. Te pido que unas a los miembros. Trae unidad entre los padres y el hijo. Sea el problema que sea, Padre, te pido que quites los que precisan quitarse, y que traigas lo que debe estar. ¡Amén!".

Este tipo de oración es corta, sencilla y dice lo que necesita decirse de verdad, pero la carne quiere agregarle más. La mente carnal dice: "No es suficiente ni muy elocuente". Me tomó contar con mucha disciplina de mi parte para llegar tan lejos como el Espíritu Santo iba y no ir más allá. Mantenga la oración sencilla, y la disfrutará más. Los niños son siempre un buen ejemplo a seguir cuando se busca la sencillez. Escuche a los niños cuando oren; eso hará que cambie su vida de forma radical.

Deseos sencillos

A veces, nuestros deseos nos atormentan y alejan del disfrute de la vida. Hay un sinnúmero de cosas que queremos y, si no somos cuidadosos, lucharemos en la carne para lograr obtenerlas y perderemos la paz y el gozo. Cuando no obtenemos lo que queremos, nos frustramos y desesperamos. Sería mucho mejor simplificar nuestros deseos que luchar de continuo por tratar de obtener cosas.

Santiago 4:2 expresa que… **no tenéis lo que deseáis, porque no pedís.** Pídale a Dios lo que quiere y desea, y confíe en que Él le traerá lo pedido a su manera y en el momento adecuado. Mientras tanto, esté contento con lo que tenga ahora (Hebreos 13:5).

Existen dos maneras de sentirse realizado: A través del trabajo para adquirir más o a través del aprendizaje para desear menos. Aprendí que mientras más se adquiere, se requiere de más tiempo para atenderlas. Mucho gozo se pierde debido a que las personas tienen demasiadas tareas por hacer y eso las tiene bajo control.

En ocasiones, voy por la casa y guardo mis posesiones. No disfruto mi hogar cuando tengo muchas cosas reunidas que, en verdad, no necesito. Siempre hay alguien que puede hacer mejor uso de las cosas que ya siento no son de bendición para mí.

Mientras más conglomerado esté su hogar, más difícil se le hará mantener las cosas limpias. Haga una "limpieza y recoja" de vez en cuando, y no le será muy difícil mantenerla ordenada.

El salmista David escribió: **Deléitate asimismo en Jehová, y él te concederá las peticiones de tu corazón** (Salmos 37:4). Busque primero a Dios, deséelo más que cualquier cosa, y encontrará que Él lo bendecirá con lo que esté bien para usted.

Si está triste y ha perdido el gozo porque a veces tiene deseos, pero no recibe nada, lo insto a que no permita que ese deseo lo domine.

Sea el deseo que sea, usted debería tener el control de ello y nunca deje que lo domine. Supongamos que un hombre tiene un empleo en el cual devenga mucho dinero y compra muchas cosas, una casa, dos automóviles, una segunda casa frente a un lago y una lancha. De repente, algo ocurre en la empresa donde labora, y pierde el puesto con el buen salario que tenía.

Digamos que este hombre consiga otro trabajo muy bueno, uno que —de hecho— es menos estresante y de más satisfacción personal que el anterior, pero el salario es menor. En este nuevo empleo y salario, podrá vivir bien, pero no podrá seguir con el estilo de vida que llevaba con el salario de antes.

Por ejemplo, es posible que pueda decidir que ya no puede darse el lujo de sacar a cenar a su esposa dos veces al mes como lo hacía anteriormente. Aunque esa práctica haya sido una muy saludable para el matrimonio, cabe la posibilidad de que ya no se justifique el gasto y no incurra en ello por falta de presupuesto. En ese caso, es obvio (al menos para mí) que se venda la casa frente al lago y la lancha. O tal vez si la lancha es de mucho valor, pueda venderse y comprarse una más económica.

Mi punto es que las personas son más valiosas que lo material. La paz y el gozo son de mayor peso que las cosas materiales. Si este hombre del ejemplo decidiese obtener un segundo empleo por tal de mantener sus propiedades, es posible que ya no pueda ir a los juegos de pelota de sus hijos o compartir y estar junto con su esposa y familia cuando lo necesiten.

Por supuesto que hay momentos en los cuales existe la necesidad de tener dos trabajos. No estoy juzgando a quienes tengan dos empleos, sino que sugiero que todos necesitamos poner en tela de juicio nuestros motivos. Si algo se hace por pura necesidad, se acepta; pero si se hace por pura codicia.

Muchas personas hoy día están estresadas más allá de lo que cualquier ser humano podría resistir. Mucho se debe a que es estrés causado por vivir en una sociedad opulenta que parece gritar de continuo que "¡debes tener más!".

Hay ocasiones en que quisiera responder y gritar: "¡Detén el mundo y déjame!". Pero eso sólo sucede cuando dejo las cosas y las personas me dominan, cuando lo que debería hacer es dejar que el Espíritu Santo sea quien tome el control de mi vida.

Si el Espíritu Santo le dijese que algo es bueno, entonces hágalo. Pero si le dice que no, debe desistir de hacerlo.

Recuerde siempre que todo lo que le pertenece le trae más responsabilidad. Si consigue una casa más grande, tendrá que limpiar más. Tener un automóvil más grande requiere de más gasolina. Tener dos autos significaría pagar doble seguro.

Oí que un hombre dijo recientemente que cuando era joven y tenía sólo dos trajes, nunca sufrió de estrés al tratar de vestirse para una reunión ni al empacar para viajar. Mientras más vestimenta se acumulaba en su armario, más complicada se tornó la tarea de vestirse. Ahora cuenta con tanta ropa que ya no sabe qué ponerse a la hora de vestir.

Dios quiere bendecirnos. Su voluntad para cada uno de nosotros es que tengamos prosperidad y abundancia. Pero cuando se mira el lado bonito de la adquisición de posesiones y no vemos la responsabilidad que acarrean, nos decepcionamos. Adquirir muchas cosas podría resultar divertido, pero cuando esa diversión termina, el enemigo puede usar esas mismas posesiones y robarnos el gozo.

La diversión se basa en lo que hacemos y obtenemos. El gozo sale del espíritu, y a veces no tiene nada que ver con las circunstancias externas. Permítame presentarle un ejemplo de una experiencia personal. Hace poco que un conducto del agua comenzó a gotear en el techo de la sala de estar. El techo tuvo que seccionarse en dos, y ¡claro que todo lucía en desorden! Era un tiempo inoportuno para nosotros, pues fue próximo a la época festiva. Nos preparábamos para un viaje de diez días, y partíamos en víspera de Navidad.

El mismo día, descubrí que hubo una equivocación con los impuestos del año anterior. Íbamos a quedar a deber dinero y teníamos que pagar intereses y multas para cubrir un error que no era ni nuestro.

No le di mucha cabeza a la situación. Contratamos a alguien para que reparara el techo y confiamos en que podríamos pagar lo adeudado en impuestos cuando llegase el momento de pagar. Hasta dijimos: "Nunca sabes de lo que Dios es capaz de hacer, pues Él es increíble y obra lo imposible… es muy posible que en este año recibamos lo suficiente como para pagar lo adeudado".

Escuché lo que dije ese día. Silbaba, tarareaba una melodía en mi corazón y tenía dos problemas grandes encima en ese entonces.

El gozo sale del corazón, y si usted no se abruma con el problema, el gozo le brotará. Y cuando suceda, eso le ministrará.

En nuestro caso, el conducto del agua se arregló, el desorden se recogió, los rotos quedaron cubiertos y el techo se reparó. Alguien, quien no tenía ni idea sobre nuestros impuestos, nos dio dinero como obsequio, y con eso pagamos lo adeudado y nos alcanzó para sufragar lo del viaje pospuesto.

No deje que el diablo le robe el gozo por preocuparse por las cosas, pues se pueden reponer o seguir adelante sin ellas. Vivir sin disfrutar la vida es una gran tragedia.

El acercamiento sencillo

Si recordamos la definición de simple como "fácil", echémosle un vistazo de nuevo a las palabras de Jesús como se registra en Mateo 11:28-30.

Me gustaría que se fije con cuánta frecuencia aparecen los términos "fácil" y "ligera" en el pasaje:

Venid a mí todos los que estáis trabajados y cargados, y yo os haré descansar. Llevad mi yugo sobre vosotros, y aprended de mí, que soy manso y humilde de corazón; y hallaréis descanso para vuestras almas; porque mi yugo es fácil, y ligera mi carga.

En primer lugar, Jesús dijo: "Aprended de mí". Creo que lo que quiso decir fue "Aprendan cómo sobrellevo las situaciones y la gente. Aprendan cuál es mi proceder en cualquier circunstancia dada, y sigan mis caminos".

Jesús no estaba estresado ni agotado. No lo dominaban las circunstancias ni las exigencias de los demás.

En Juan 14:6, Él dijo: **Yo soy el camino.** Su camino es el correcto, el que nos dirigirá hacia la justicia, la paz y el gozo. Recuerde que en Juan 15:11 Él oró para que su gozo llenara nuestra alma. Eso no nos ocurrirá a no ser que aprendamos a acercarnos a la vida y las situaciones de forma diferente.

Podría escribir sobre varias cosas que tenemos que simplificar, y la lista sería interminable, pero si aprendemos a acercarnos a todo lo que se nos presente con sencillez, saldríamos mejor que ser simples en sólo ciertas situaciones.

No importa lo que afronte, si se pregunta cuál sería la forma más sencilla de acercarse a ello, creo que se maravillará de cuán creativo usted resultará. El Santo mora en usted, y a pesar de que es muy poderoso, es muy sencillo a su vez. El Espíritu Santo le enseñará la simplicidad si usted verdaderamente desea aprender.

Siento que el propósito de escribir este libro es para ayudar a que las personas aprendan a disfrutar de la vida que obtuvimos a través la muerte de Jesús. Sé que es imposible lograrlo sin la simplicidad.

No siento que debo enseñarle todo sobre la simplicidad. Creo que estoy por convencerlo de que debe tenerla. Quiero hacer que sienta sed por tenerla, y ayudarlo a que se lance a su buscarla personalmente.

Todos somos muy diferentes —únicos— porque Dios nos diseñó así. Lo que es complicado para unos, resulta sencillo para otros. Por eso, es mejor para mí enseñarle el principio y dejarlo buscar su propio camino rumbo a su destino. Cuando encare otra situación difícil, simplemente pregúntese: "¿Qué haría Jesús en una situación como esta? ¿Cómo la sobrellevaría?".

En muchas ocasiones, hallará que trata de sobrellevar algo a lo que Jesús dejaría quieto. Hay veces que deseo confrontar un asunto y escucho la voz del Señor que me dice: "Deja eso así".

Por otro lado, habrá ocasiones en las que usted deseará dejar algo quieto y no lidiar con ello, pero cuando presta atención a lo que el corazón le dicta, sabe que necesita tomar cartas en el asunto antes de que se le salga de las manos.

Hay ocasiones en las que querrá formar parte de algo emocionante que sucede, y Dios le dirá que no. En otras, preferirá no inmiscuirse, pero es cuando el Señor le dice: "Te necesito en esto.".

Usted y yo no siempre, o casi nunca, sabemos el "por qué" existente tras la guía del Espíritu Santo. Pero la simplicidad obedece la puntualidad. Es complicado desobedecer y sentir cargos de conciencia. La desobediencia verdaderamente roba el gozo de la vida. Es posible que Dios le diga que no en ciertas ocasiones, y en otras le permita hacer. No existen reglas, con la excepción de seguir la Palabra de Dios y su Espíritu Santo.

La simplicidad y las decisiones

Pero sobre todo, hermanos míos, no juréis, ni por el cielo, ni por la tierra, ni por ningún otro juramento: sino que vuestro sí sea sí, y vuestro no sea no, para que no caigáis en condenación.

Santiago 5:12

El ser indeciso es confuso, y el tomar decisiones puede ser sencillo. Después de tomar una determinación, manténgase firme y que sus "sí" sean "sí" y los "no" sean "no".

Creo que la indecisión no sólo trae confusión y complicaciones, sino que causa condenación también como se señala en Santiago.

Si creemos de corazón que debemos hacer algo y dejamos que la cabeza nos desviemos de la labor, le abrimos la puerta a la condenación.

A menudo, vamos sobre las decisiones cuando, en realidad, sólo necesitamos decir y ya.

Cuando usted se para frente a su armario en las mañanas y observa toda su ropa, lo que tiene que hacer es escoger algo, ponérselo y ya. No rebusque tanto hasta llegar a sentir que no le gusta nada de lo que tiene.

Cuando se prepare para salir a comer, escoja un restaurante y vaya. No se confunda tanto que sienta que no habrá ni un solo lugar que lo satisfaga. Hay ocasiones en las que me gustaría tomar el café de cierto restaurante, la ensalada de otro lugar y mi plato predilecto de pollo de un tercer lugar, y así sucesivamente. No puedo tenerlo todo, así que lo que tengo que hacer es escoger un lugar y ya. Una vez la comida esté en mi estómago, no importa el lugar del cual provino.

Empiece a tomar decisiones sin preocuparse sobre ello. No viva con el temor de equivocarse. Si su corazón se siente en lo correcto y toma la determinación que no es conforme a la voluntad de Dios y termina descarriado, Él lo perdonará, lo buscará y lo llevará al camino de nuevo.

Pedro era el único discípulo que caminó sobre las aguas por ser el único que bajó de la barca. Pueda que usted recuerde que caminó sobre las aguas por un rato, comenzó a hundirse, Jesús le extendió la mano y lo levantó (Mateo 14:22-32). Jesús no dejó que Pedro se ahogara, debido a que iba bien por el momento hasta que cometió el error.

Una vez tome la decisión, no permita que la duda lo atormente. Ser indeciso y no decidirse resulta complicado. El dudar de una determinación después de haberla tomado le robará el disfrute de todo lo que usted haga. A mi esposo no le molesta ir de compras conmigo en absoluto, lo cual es una bendición porque la mayoría de los hombres no disfrutan ir de compras.

Me da una cantidad de tiempo razonable para que pueda elegir, pero si doy vueltas en el mismo lugar muchas veces, empieza a decir que quiere irse.

Me dice: "Haz algo. No me molesta estar aquí si veo que te decides por algo, pero para que sólo estés de arriba abajo sin elegir nada resulta una pérdida de tiempo".

Eso no significa que tomarse tiempo para mirar las cosas varias veces y buscar baratillos es malo, pero si se prolonga en hacerlo, se le hará más complicada la toma de decisiones. Mantenga la sencillez. Compre algo y siga con lo siguiente.

No puedo evitar la indecisión cuando voy a comprar algo para otra persona. Al menos sé lo que me gusta, pero no sé los gustos de los demás. Con frecuencia, busco el regalo "ideal" al grado de llegar a perder tiempo preciado. He hecho eso con mis hijos. Y después de tanto esfuerzo, terminan por cambiar lo que les compré.

Una vez más, siga la simplicidad.

¡Acabe de decidir!

Sea cual sea el problema o la situación, tomar la decisión resulta mejor que mantener la duda y la indecisión.

Por ejemplo, si usted se ha peleado con alguien, es mucho más fácil *decidir* disculparse que quedarse airado y lleno de amargura, resentimiento y sin deseos de perdonar, mientras espera por la otra persona para que le pida disculpas a usted. Sea un agente de paz, y verá que obtendrá mucho gozo.

He perdido muchos años por estar en guerra, y créame que lo he pagado a un precio muy alto. Me costó mi paz, mi gozo y mi salud a veces. Jesús tiene una manera para hacerlo. Hágalo de la manera que Él lo hace y disfrute de la vida.

Mi esposo ha sido siempre presto para olvidar, y espera que yo sea de la misma forma. Puedo recordar cuando me dice: "Te conviene que me perdones ahora porque para la semana que viene a esta misma hora ya no estarás molesta conmigo y te evitarás el perder tanto tiempo.

Las indecisiones hacen que se pierda tiempo; el tiempo es preciado como para perderlo. Tórnese en una persona decidida. Verá que logrará más con menos esfuerzo.

Nadie aprende a escuchar de Dios sin llegar a cometer errores. No se preocupe demasiado por los errores. No lo tome muy a pecho. Usted es un ser falible, no un dios infalible. Aprenda de sus errores, corrija los que pueda y siga siendo decidido. No vuelva a caer en el viejo patrón de la indecisión sólo porque se equivoque un par de veces.

Si siente que Dios lo lleva dejar algo, pues, ¡hágalo! Quíteselo de la cabeza. Actúe y siembre la semilla. Si considera que es correcto, hágalo entonces. Esa es la forma en que lo sabrá con toda seguridad. Dedíquele un tiempo considerable a esperar en Dios. No siga los deseos carnales, sino a lo que el corazón le dicte.

¡No tema de sí mismo! Usted no será ni la primera ni la última persona en equivocarse.

El temor al fracaso mantiene atrapadas a miles de personas en la indecisión, la cual definitivamente le roba el gozo y complica su existencia.

No tenga temor en tomar la decisión y llevarla a cabo.

¡Acabe de decidir ya!

6

SER INOCENTE
COMO UN NIÑO

6

SER INOCENTE COMO UN NIÑO

Y llamando Jesús a un niño, lo puso en medio de ellos,

Y dijo: De cierto os digo, que si no os volvéis como niños, no entraréis en el reino de los cielo.

Así que, cualquiera que se humille como este niño, ése es el mayor en el reino de los cielos.

Y cualquiera que reciba en mi nombre a un niño como este, a mí me recibe.

Mateo 18:2-4

En Lucas 18:17, Jesús expresó este mismo mensaje sobre la importancia espiritual de ser inocente como un niño cuando dijo: **De cierto os digo, que el que no recibe el reino de Dios como un niño, no entrará en él.**

Como podemos observar, la traducción en la Biblia de Mateo 18:3 señala que los atributos que definen a un niño son: confiado, bajo, amoroso, que olvida. ¡Ah, cuánto disfrutaríamos nuestra vida si operásemos con esas cuatro virtudes!

Los niños creen lo que se les dice. Hay quienes dicen que los niños son ingenuos, queriendo decir que creen en cualquier cosa por más ridículo que suene.

No obstante, los niños no son ingenuos, sino confiados. *Los niños son confiados por naturaleza*, a no ser que haya experimentado algo que les enseñe lo contrario.

Una cosa que todos sabemos sobre los niños es que disfrutan la vida. Un niño puede literalmente disfrutar de cualquier cosa. Puede tornar un trabajo en un juego de modo que disfrute realizarlo.

Recuerdo cuando le pedía a mi hijo que barriese el patio cuando él tenía como once o doce años. Miraba hacia fuera y lo veía bailar con la escoba al ritmo de la música que escuchaba por los audífonos.

Me decía por dentro: "¡Asombroso! Convirtió la tarea de barrer en una diversión. Si tenía que hacerlo, tenía que disfrutarlo". Todos debemos tener esa actitud. Es posible que no escojamos bailar con una escoba, pero deberíamos escoger una actitud de regocijo ante todos los renglones de la vida.

El niño que hay en todos nosotros

Cada adulto saludable debería tener un niño dentro sí también. Cada uno de nosotros comienza la vida como un niño. Conforme vamos creciendo, necesitamos proteger ese niño en nosotros.

Satanás está al acecho siempre para matar al niño, motivo por el cual colocó en el corazón de Herodes el asunto para matar a todos los niños menores de dos años de Belén. Por Herodes sentir temor del recién nacido niño Cristo, Rey de reyes, a quien unos magos de oriente vinieron a ver y adorar, quiso deshacerse de Él (Mateo 2:1-16).

Hallo muy interesante que Satanás sintiese temor por un niño, y que ese niño fuese el Rey de los judíos. Los reyes gobiernan, y tal vez la lección aquí, en parte, sea que si queremos gobernar y reinar como reyes en la vida (Romanos 5:17; Apocalipsis 1:6), debemos convertirnos en niños también.

El que nos tornemos inocentes como los niños, causa un gran temor al diablo tal y como atemorizó el niño Cristo a Herodes.

De Apocalipsis 12: 4, 5, podemos observar cómo Satanás va en busca de tu niño desde el momento en que naces:

> Y su cola arrastraba la tercera parte de las estrellas del cielo, y las arrojó sobre la tierra. Y el dragón se paró frente a la mujer que estaba para dar a luz, a fin de devorar a su hijo tan pronto como naciese. Y ella dio a luz un hijo varón, que regirá con vara de hierro a todas las naciones; y su hijo fue arrebatado para Dios y para su trono.

Claro está, estas Escrituras se refieren a Jesús, pero creo que aquí hay un principio del cual podemos aprender.

Como muchas personas, yo fui abusada en mi niñez. Satanás no esperó que fuese adulta para tratar de destruirme, pues, comenzó desde temprano.

Los niños no son capaces de protegerse ni defenderse por sí mismos. Y el enemigo, al proceder como un abusador, ataca a menudo a quienes no parecen tener fuerzas para responder el ataque. El diablo deseó destruirme, mental y físicamente, y me impidió realizar el plan que Dios tenía para mi vida. Me robó mi niñez, a través del abuso sexual, verbal, mental y emocional.

Crecí en un hogar disfuncional, donde prevalecía el alcoholismo, la violencia y el incesto. No me gustó ser niña. De hecho, lo odié. Para mí, la niñez significó que me movieran de un lado para otro, se aprovecharan de mí, y me dominaran y utilizaran. Estaba ansiosa por creer, ese era mi idea primordial. Me acostaba por las noches y me imaginaba cómo sería mi vida de adulta, sin que nadie me dominase.

Mi plan era crecer y nunca permitir que nadie me hiriera de nuevo. Claro que eso quería decir que no podía confiar en nadie, y debía cuidar de mí misma. No contaba con los atributos en la lista sobre los niños. Además, no tenía alegría ni disfrutaba nada. Me divertía en ocasiones, pero nunca supe lo que era gozo en realidad.

Me convertí en una adicta al trabajo. Me guiaba la necesidad de tener éxito. Cargué un falso sentido de responsabilidad que nunca me permitió disfrutar de nada. No sabía cómo aportar mi parte y dejar que los demás hicieran lo suyo ni tampoco cómo dejar que Dios hiciera su parte, al yo confiar en Él.

Por causa de mis inseguridades, el trabajo se convirtió en un "ídolo" para mí por estar determinada a nunca "necesitar" de nadie. Me hacía sentir que valía. Pensaba que Dios me bendeciría si trabajaba arduamente.

La Palabra de Dios dice que como sus hijos amados, Dios nos bendecirá en todo lo que emprendamos (Deuteronomio 28:8). Pero nunca debemos derivar nuestro sentido de valor de lo que hagamos. Debemos saber quienes somos en Cristo Jesús, y nuestro trabajo debería tener valor porque lo hacemos *nosotros*, no lo contrario.

En este libro, *The Rhythm of Life*, Richard Exley escribió lo siguiente: "No existe suficiente éxito en el mundo como para acallar la voces discordantes dentro de los seres. La autoestima no es el producto del logro, sino la consecuencia natural de una relación saludable con nuestros padres, amistades y Dios, por supuesto. Se trata de quién es usted, y no de lo que ha hecho".

El trabajo es necesario. Es bueno, pero si se eleva a un lugar en nuestra vida en la que nunca debió alcanzar, entonces, lo bueno se torna en nuestro enemigo. Pensamos que el enemigo es nuestro amigo con mucha frecuencia.

Pensaba que el trabajo era mi mejor amigo. Me daba un sentido de "pertenencia", como dije anteriormente, un sentido de valor. De hecho, era mi enemigo porque estaba fuera de equilibrio.

En la Biblia, el apóstol Pedro en 1 Pedro 5:8 nos advierte:

Sed sobrios, y velad; porque vuestro adversario el diablo, como león rugiente, anda alrededor buscando a quien devorar.

Las áreas de nuestra vida que no tienen equilibrio representan ser puertas abiertas para el enemigo. El enemigo acecha en busca de esas puertas. Somos cristianos y estamos luchando frecuentemente contra demonios, cuando lo que necesitamos hacer de verdad es restaurar el equilibrio en la vida.

En mi caso, necesitaba trabajar, pero necesitaba también divertirme. Sin embargo, no veía ningún valor en la diversión. De hecho, no sabía ni cómo entrar en juego ya de adulta de una manera adecuada. Aun cuando hacía algo divertido, siempre tenía una sensación imprecisa de que debía trabajar. Me sentía culpable cuando intentaba relajarme o disfrutar.

Lo que experimenté cuando crecí debí adquirirlo de mi padre por pensar que podía meterme en problemas si jugaba, pero siempre y cuando estuviera trabajando, mi comportamiento parecía ser aceptable. Puedo recordar la ocasiones en las que, cuando niña, salía a jugar y mi padre me llamaba para entrar en la casa. Tal parecería que me hacía dejar de jugar por ningún motivo en específico. Ahora entiendo que quienes no son felices se irritan cuando ven a los demás felices, pero yo no entendía eso en aquel momento. Siempre pensé: "Debo esta haciendo algo incorrecto".

> "Él confortará mi alma" Confortará mi alma; me guiará
> por sendas de justicia por amor de su nombre.
>
> Salmos 23:3

Creo que Dios promete confortar lo que está perdido o arruinado.

Puedo verificar que Él mantiene sus promesas.

El Señor me ha restaurado los sentimientos y la mente. Mi voluntad ha sido librada de la rebelión. Ya no necesito tener control. Me guían en vez de ser llevada, y soy guiada por el Espíritu Santo, en lugar de ser llevada por el temor y la inseguridad.

En mi libro, *Belleza en lugar de ceniza*,[16] comparto detalladamente cómo este proceso de restauración se realizó en mi vida. Mi Padre celestial ha restaurado también la niña perdida que hay dentro de mí. Es decir, ahora puedo confiar, amar, perdonar, vivir y enfocarme con sencillez ante la vida. Soy libre para disfrutar lo que hago. Ya no tengo que justificar la diversión, pues sé que es un componente de la vida y necesario para mantener un equilibrio adecuado. Trato por todos lo medios de disfrutar todo lo que hago. Estoy determinada en hacerlo.

Aprovecho todas las oportunidades que haya para reír porque ahora veo el valor que tiene, mientras que en años anteriores pensé que era algo frívolo. La Biblia dice en 1 Pedro 5:8 que se debe ser sobrio. En este contexto, la palabra "sobrio" significa serio. No obstante, eso no quiere decir que debemos ser así en todo momento. En Eclesiastés 3:1, 4, nos acuerdan eso:

Todo tiene su tiempo, y todo lo que se quiere debajo del sol tiene su hora. ... tiempo de llorar, y tiempo de reír, tiempo de endechar, y tiempo de bailar.

Los niños son libres, y Jesús vino a liberarlos, son libres para amar, vivir, disfrutar y ser todo lo que sea posible que seamos en Él. En Juan 8:36, Jesús dice: *Así que, si el Hijo os libertare, seréis verdaderamente libres.*

Y en Gálatas 4:31 hasta 5:1, el apóstol Pablo escribió:

De manera, hermanos, que no somos hijos de la esclava, sino de la libre. Estad, pues, firmes en la libertad con que Cristo nos hizo libres, y no estéis otra vez sujetos al yugo de esclavitud.

Sea determinado para obtener esta libertad y retenerla.
Usted tiene un derecho, comprado con sangre, de disfrutar su vida.

Jesús llama a los suyos: "hijitos"

Considero que una de las maneras en que mantenemos nuestra libertad es a través de los frecuentes recordatorios acerca de quienes somos en Cristo.

Me he percatado de que Jesús se refiere a sus discípulos como "hijitos" a veces. En Juan 21:1-6, se registra una situación en la cual Pedro y otros pescadores deciden ir de pesca y tuvieron un encuentro inesperado con el Cristo resucitado:

> Después de esto, Jesús se manifestó otra vez a sus discípulos junto al mar de Tiberias; y se manifestó de esta manera:
>
> Estaban juntos Simón Pedro, Tomás llamado el Dídimo, Natanael el de Caná de Galilea, los hijos de Zebedeo, y otros dos de sus discípulos.
>
> Simón Pedro les dijo: Voy a pescar. Ellos le dijeron: Vamos nosotros también contigo. Fueron, y entraron en una barca; y aquella noche no pescaron nada.
>
> Cuando ya iba amaneciendo, se presentó Jesús en la playa; mas los discípulos no sabían que era Jesús.
>
> Y les dijo: Hijitos, ¿tenéis algo de comer? Le respondieron: No.
>
> Él les dijo: Echad la red a la derecha de la barca, y hallaréis. Entonces la echaron, y ya no la podían sacar, por la gran cantidad de peces.

Me parece que en lo que decidían irse a pescar, los discípulos tomaron una decisión apresurada por la emoción, la cual no les produjo el efecto deseado. Nosotros también tomamos decisiones por lo que siente la carne, y no nos producen ningún resultado hasta que aprendemos que separados de Jesús nada podemos hacer (Juan 15:5).

Jesús fue a la playa y se dirigió a ellos de esta forma:

...Hijitos (niños), ¿tenéis algo de comer?

Juan 21:5

Tal vez Jesús usaba esa terminología para recordarles acerca de la necesidad de que tienen que venir como niños y dependientes de Él por completo. Observamos que el apóstol Juan usa la misma frase en 1 Juan 2:1:

Hijitos míos, estas cosas os escribo para que no pequéis; y si alguno hubiere pecado, abogado tenemos para con el Padre, a Jesucristo el justo.

Hace uso del término en Juan 2:12 también:

Os escribo a vosotros, hijitos, porque vuestros pecados os han sido perdonados por su nombre.

Tal vez Juan aprendió esta expresión por haber escuchado que Jesús se refería a él y los demás discípulos de esta manera.

Parece ser una terminología de empatía que nos tranquiliza de inmediato, nos hace sentirnos amados y protegidos, y nos deja saber que necesitamos depender del Señor para todo.

Si yo llamase a mi hijo "bebé" todo el tiempo, le haría pensar sobre mi actitud (hasta inconscientemente) de que lo vi desde bebé, y hasta podría desarrollarle una actitud inmadura. He notado que he llamado a mis hijos varones "hijo" a medida que fueron creciendo.

Considero que el cambio de nombre ayudó a que crecieran. Ellos sabían que esperaba madurez de su parte, sólo por como los llamaba.

Hay ocasiones también en las que le digo a mis cuatro hijos que no importa cuán viejos sean siempre serán mis bebés. Con decir esto, saben que pueden depender de nosotros para ayudarlos de una forma balanceada en cualquier determinado momento de necesidad. Siempre pueden venir donde nosotros en momentos de dolor. Jesús quiere que crezcamos en comportamiento, pero igual quiere que no nos mantengamos inocentes como niños hacia Él en cuanto a confianza y dependencia.

Somos los hijos de Dios

¿Se olvidará la mujer de lo que dio a luz, para dejar de compadecerse del hijo de su vientre? Aunque olvide ella, yo nunca me olvidaré de ti.

Isaías 49:15

Isaías 49:15 es otra de las escrituras que revela que nuestro Padre celestial desea que vayamos a Él como niños. En ese versículo, el Señor usó el ejemplo de una mujer que dio a luz y cuán tierna fue al cuidar y compadecerse de la necesidad de sus hijos.

Nuestro Padre celestial quiere que sepamos que somos sus niñitos preciados —sus hijitos— y que cuando vamos donde Él como tales, mostramos fe en Él, lo cual le permite cuidar de nosotros.

Dios no es como las personas. Si a usted la gente lo hirió en el pasado, no permita que eso afecte su relación con el Señor. Usted puede confiar en Él. Dios cuidará de usted como un padre amoroso. Cuando no recibimos el cuidado y el amor que deberíamos cuando niños, causa temores que nunca formaron parte del plan de Dios. Los padres deben ser esa viva imagen en el reino físico de lo que nuestra relación con Dios debe ser en el reino espiritual. A menudo, cuando los individuos de los hogares con disfunciones se dejan para lo último, tiene problemas con su relación con Dios por causa de eso.

Oro para que, a medida vaya leyendo estas palabras y medite en la Escrituras que comparto, usted experimente sanación en sus emociones, se libere y sea un adulto responsable que pueda ir al Padre celestial con la inocencia de un niño. Que sea un adulto que sepa cómo trabajar arduamente cuando sea el momento de trabajar, y que juegue libremente cuando sea el momento de jugar. Que sea alguien que pueda mantener un equilibrio en Dios, al ser serio y estar entretenido.

Por lo tanto, ¡viva como un niño!

Como hijos obedientes, no os conforméis a los deseos que antes teníais estando en vuestra ignorancia.

1 Pedro 1:14

Debemos ir a Dios como niñitos o nunca caminaremos en obediencia. Debemos depender de Él y pedirle ayuda de continuo. Él debe ayudarnos en todo lo que Dios nos ha llamado a realizar. Él está listo, esperando y con más que voluntad. Pero debemos ir donde Él con la humildad de un niño, con sinceridad, honestidad, sin pretensiones y abiertos, sabiendo que, sin Él ni su ayuda continua, podremos caminar en nuevos niveles de obediencia jamás.

En Juan 4:4, el apóstol escribió:

Hijitos, vosotros sois de Dios, y los habéis vencido; porque mayor es el que está en vosotros, que el que está en el mundo.

La traducción de la palabra griega *"hijos"*, en este versículo y otros más, se definió en parte como "amorcitos"[17]. Dios quiere que usted y yo sepamos que somos sus amorcitos.

En 1 Juan 4:4, el apóstol habla de derrotar y vencer al enemigo. Una vez más, considero que necesitamos ver que esto sólo se logra a medida que vamos a Dios como niños, dependiendo de Él, contando de Él, confiando en Él y así sucesivamente.

En Gálatas 4:19, el apóstol Pablo llamó a los creyentes:

Hijitos míos, por quienes vuelvo a sufrir dolores de parto, hasta que Cristo sea formado en vosotros.

Tal como los padres amorosos están dispuestos a sufrir por sus hijos de ser necesario, así Pablo sufría persecución para predicar el Evangelio a quienes llamaba sus hijos. Eran ellos los que habían nacido en el Reino de Dios a través de la predicación de Pablo. Y Pablo deseaba verlos crecer y disfrutar lo que obtuvimos a través de la muerte de Jesús.

Al referirse a ellos como hijos, Pablo les dejaba saber que estaba presto para estar a su lado y hacer lo que fuese necesario, incluso sufrir si era necesario para ver el logro del propósito de Dios en la vida de ellos.

Un buen padre preferiría sufrir en carne propia que ver sufrir a sus hijos. Vemos este "principio paterno-filial" en acción cuando el Padre envió a Jesús a morir por nosotros, sus hijos.

Según la Biblia, el ser inocente como un niño es nuestro derecho, dado por Dios y comprado con precio de sangre:

> Mas a todos los que le recibieron, a los que creen en su nombre, les dio potestad de ser hechos hijos de Dios.
>
> Juan 1:12

> El Espíritu mismo da testimonio a nuestro espíritu, de que somos hijos de Dios.

> Y si hijos, también herederos; herederos de Dios y coherederos con Cristo, si es que padecemos juntamente con él, para que juntamente con él seamos glorificados.
>
> Romanos 8:16, 17

Los hijos son herederos; son quienes heredan. Los esclavos son obreros; no comparten la herencia de los hijos.

¿Es usted un obrero o un heredero?

En Romanos 8:21, el apóstol Pablo nos deja saber que los hijos de Dios tienen una libertad gloriosa y que un día…

la creación misma será libertada de la esclavitud de corrupción, a la libertad gloriosa de los hijos de Dios.

Como hijos de Dios que somos, nunca fuimos hechos para vivir con ataduras de ningún tipo. Deberíamos experimentar libertad gloriosa, libertad para disfrutar todo lo que Dios nos dio a través de Cristo. Dios nos ha dado *vida*, y nuestra meta debe ser *disfrutar* de la misma.

No hablo de egoísmo ni de un disfrute mezquino, para sí mismo y nadie más. Hablo de un gozo en Dios, uno que se aprende de la forma que Jesús trató con la vida y sus circunstancias, y permitió así ¡el disfrute de todo!

Busque la manera de convertirse y permanecer con la inocencia de un niño, con toda la sencillez de éstos. Le cambiará la calidad de vida de una forma sorprendente.

Un acercamiento sencillo puede cambiarlo todo. Inténtelo, ¡recibirá bendición!

7

LO COMPLICADO DE LA RELIGIÓN

7

LO COMPLICADO DE LA RELIGIÓN

Mas a todos los que le recibieron, a los que creen en su nombre, les dio potestad de ser hechos hijos de Dios...

Juan 1:12

Jesús nos ha invitado a relacionarnos con Dios, el Padre, a través de Él. Las relaciones y la religión son dos cosas totalmente diferentes.

En la sociedad de hoy, preguntar: "¿De que religión es usted?", se hace con mucha frecuencia, queriendo decir: "¿Qué grupo de doctrinas usted sigue?" o "¿A cual conjunto de reglas se aferra usted?".

Cuando me hacen esa pregunta, normalmente respondo de la siguiente forma: "Pertenezco a una iglesia carismática sin denominación, pero no soy religiosa. Tengo una relación personal con Cristo Jesús". Y, ¡por supuesto!, me miran de una manera extraña por la respuesta.

Examinemos estos dos conceptos, los de religión y relación, para ver la diferencia tan importante entre ambas.

La religión

A continuación, una porción de la definición que hay en el diccionario Webster de *religión*: "Creer en y reverenciar una fuerza sobrenatural aceptada como el creador y gobernador del universo... Un sistema de unidad específica de esta expresión"[18]. La religión no parece ser algo muy personal. No hay nada afectuoso en el significado de esa palabra.

Aquí, la religión se describe como "un sistema". Yo no quiero un sistema. El mundo no necesita un sistema; necesitamos obtener lo que Jesús nos obsequió al morir por nosotros, la vida. La religión no nos ministra vida, ministra muerte.

La religión es complicada. ¡No hay nada sencillo en ella! Es lo que nosotros podamos hacer para seguir el sistema —las reglas— para ganar el favor de Dios.

Una mujer que asistía a mis conferencias una vez compartió conmigo la definición que sintió Dios le dio para el término: "La religión es la idea del hombre acerca de las expectativas de Dios".

Los fariseos se muestran en la Biblia como religiosos. De hecho, eran la elite religiosa de su época, y Jesús los llamó generación de víboras (Mateo 12:34) y sepulcros blanqueados (Mateo 23:27).

En el libro de paráfrasis relacionales *Ben Campbell Johnson* sobre algunos libros del Nuevo Testamento, dice que Jesús se refirió a los fariseos como "legalistas". Se aseguraron de mantener todas las reglas, pero no tenían misericordia ni compasión; tampoco su corazón hacia Dios. Eran rigurosos, legalistas, ásperos, duros, punzantes y opresores. Buscaban la exactitud. Para ellos, las cosas tenían que ser de cierta manera o no eran aceptadas.

Esa es una buena descripción de lo que es la religión.

Las relaciones

El Webster define el término *relaciones* como "el estado o hecho de estar relacionado... Conexión por sangre o matrimonio: ENLACE"[19].

Ya me gusta la palabra "relaciones", mejor que "religión", sin tan siquiera ir más lejos. El sólo leer la definición, me hace sentir mejor. Suena más afectuosa, cálida y con más vida de lo que percibo al leer la de religión.

En Ezequiel 36:26-28, Dios prometió que llegaría el día en que le daría a su pueblo su corazón, le depositaría su Espíritu, lo haría caminar en pos de sus estatutos y lo llevaría hacia una nueva relación con Él.

> Os daré corazón nuevo, y pondré espíritu nuevo dentro de vosotros; y quitaré de vuestra carne el corazón de piedra, y os daré un corazón de carne.
>
> Y pondré dentro de vosotros mi Espíritu, y haré que andéis en mis estatutos, y guardaréis mis preceptos, y los pongáis por obra.
>
> Habitaréis en la tierra que di a vuestros padres, y vosotros me seréis por pueblo, y yo seré a vosotros por Dios.

Vivimos ahora en la disponibilidad del cumplimiento de esa promesa. El Señor dijo que Él quitaría el corazón de piedra del hombre. La Ley se dio en unas tablas de piedra, y considero que el obrar por años, tratando de seguir la Ley y fracasar, le pondría el corazón duro como una piedra a cualquiera.

El legalismo nos endurece el corazón.

El que intentemos, fracasemos y estemos decepcionados continuamente hace que nos pongamos fríos y sin vitalidad como una piedra, tal y como Pablo lo anotó en Gálatas 3:10:

> Porque todos los que dependen de las obras de la ley están bajo maldición, pues escrito está: Maldito todo aquel que no permaneciere en todas las cosas escritas en el libro de la ley, para hacerlas...

El Señor nos ha prometido que seremos capaces de guardar sus estatutos porque nos dará su corazón y su Espíritu para que lo logremos.

El creyente que ha nacido de nuevo no tiene que "intentar" seguir los caminos de Dios, sino que quiere, desea hacerlo. Sus motivos son correctos.

Me motivo corresponderle a Jesús por todo lo que Él ya ha hecho por mí. No es un esfuerzo para hacer que Él haga algo. Ya no trato de agradar a Dios más con tal de obtener su amor. He recibido gratuitamente su amor incondicional, y deseo agradarle por lo que ya ha hecho por mí.

Lo que acabo de escribir es muy importante. Revíselo una y otra vez. Para mí, es el punto de crucial importancia entre religión y relación.

Religión contra relación

En 2 Corintios 3:6, Pablo dijo que él y los compañeros apóstoles eran... *como ministros competentes de un nuevo pacto, no de la letra, sino del espíritu; porque la letra mata, mas el espíritu vivifica.*

A veces, siento que la religión mata a la gente. Hay tanta gente preciada que procura tener una relación con Dios, y la comunidad religiosa sigue diciéndole otra cosa de la cual precisan *hacer* para que Dios la acepte.

No se ofenda por el uso que hago de la palabra "religión". Me doy cuenta que ha sido una palabra que, por siglos, suena espiritual y popular. Sólo trato de presentar una diferencia clara entre un grupo de reglas impersonales de una relación personal con el Dios viviente.

Jesús habló de su relación personal con el Padre, y los líderes religiosos de su época lo persiguieron.

Me asombra cómo ciertas personas siempre quieren irse en contra de quienes hablan sobre Dios de una manera personal o quienes piensan que tienen algún poder proveniente de Dios. Es obvio que Satanás odia las relaciones personales con Dios y el poder que hay disponible en la vida del creyente.

En ciertos círculos religiosos, nos juzgarían y criticarían si usted y yo hablásemos de Dios como si lo conociésemos. La gente preguntaría: "¿Quién crees que eres?". La religión lo que quiere es que tengamos una imagen de que Dios está lejano, en algún rincón del cielo, inalcanzable para todos excepto con la elite de la iglesia. Y, aún hay más, quieren que creamos que a Él sólo se le puede alcanzar a través del legalismo y el buen comportamiento.

Ese "espíritu religioso" estaba vivo en la época de Jesús. Y a pesar de que Jesús murió para ponerle fin y llevar a la gente hacia una íntima relación personal con Él, el Espíritu Santo y el Padre, el mismo espíritu sigue atormentando a la gente hasta hoy día, si no saben la verdad.

Amé a Dios casi toda mi vida. Acepté a Jesucristo como mi Salvador personal a los nueve años. Lo trágico es que no disfruté de Dios hasta pasado cumplir los cuarenta. Mi acercamiento hacia Él fue uno totalmente religioso. Se basaba en lo que podía hacer, no en lo que Él ya había hecho. Era una "legalista", una especie de fariseo moderna. No sólo me esforcé en guardar los preceptos, sino que insistía en que todos siguieran mis reglas también.

Cuando obtenía éxito, me sentía orgullosa. Cuando fracasaba, me condenaba. Intentaba ser justa (ante Dios) a través de mis obras. Aun no me había dado cuenta que toda mi justicia nunca sería lo suficiente para justificarme ante los ojos de Dios: **Ya no por las obras de la ley ningún ser humano será justificado delante de él; porque por medio de la ley es el conocimiento del pecado** (Romanos 3:20).

La ley se dio para mostrarle al hombre la necesidad de un Salvador. Se supone que tratemos de mantenerla hasta que nos demos cuenta que no podemos seguirla en absoluto, y entonces humillarnos y pedirle ayuda a Dios, lo cual ya hizo en la persona de Jesucristo.

La religión dice: "Tu tienes que hallar la forma de seguirla, no importa cuán imposible pueda parecer. Más te vale que lo hagas… sigue las reglas o recibirás el castigo".

En cambio, las relaciones dicen: "Haz lo mejor que puedas porque me amas. Yo conozco tu corazón. Confiesa tus faltas, arrepiéntete de tus pecados y sigue amándome".

La gracia contra la ley

Pero ahora, aparte de la ley, se ha manifestado la justicia de Dios, testificada por la ley y por los profetas; La justicia de Dios por medio de la fe en Jesucristo, para todos los que creen en él. Porque no hay diferencia, Por cuanto todos pecaron, y están destituidos de la gloria de Dios, Siendo justificados gratuitamente por su gracia, mediante la redención que es Cristo Jesús, A quien Dios puso como propiciación por medio de la fe en su sangre, para manifestar su justicia, a causa de haber pasado por alto, en su paciencia, los pecados pasados, Con la mira de manifestar en este tiempo su justicia, a fin de que él sea el justo, y el que justifica al que es de la fe de Jesús.

Romanos 3:21-26

Al apóstol Pablo le quitaron el trabajo cuando se le encomendó la tarea de ir a predicar sobre la gracia a los judíos de su época. Los judíos habían tratado de mantener la ley por mucho tiempo. Durante siglos, vivieron bajo "el sistema". Cuando tuvieron éxito, se sintieron bien de sí mismos. Cuando fracasaban, se sentían condenados.

Como bien expuso Pablo aquí en Romanos 3:21-26, ellos enfrentaban un momento difícil para entender el nuevo orden de las cosas; así que Pablo tuvo que enseñarles sobre la gracia de Jesús, la cual justifica y acepta como justos a quienes tiene fe en Jesucristo, quien en sí mismo se cumplió la ley.

Después que Pablo predicó este mensaje a los judíos, el cual es una noticia maravillosa, les dijo algo que no resultó ser noticia buena para los religiosos.

La fe contra las obras

¿Dónde, pues, está la jactancia? Queda excluida. ¿Por cuál ley? ¿Por la de las obras? No, sino por la ley de la fe. Concluimos, pues, que el hombre es justificado por fe sin las obras de la ley.

Romanos 3:27, 28

La carne humana quiere tener algo de lo cual pueda sentir orgullo. Desea reconocimiento. En el plan nuevo de Dios, no habrá ni podrá haber jamás reconocimiento para el hombre. Jesús lo ha hecho todo, y lo único que el hombre tiene que hacer es ¡creer!

Primero, el hombre tiene que tener fe, entonces es que puede hacer buenas obras definitivamente. Pero siempre tiene que considerar que esas "obras" no le atribuyen ningún favor con Dios. Debe hacerlas por "puro deseo", lo cual es por querer, ¡no por obtener!

La vida y la luz del mundo: Cartas somos

La Iglesia debería rebozar con *vida*. Debería ser vibrante, vivaz, activa, dinámica pacífica y llena de gozo. Con todo el corazón, creo que si hay un acercamiento incorrecto hacia Dios se impedirá por completo ese tipo de vida, como resultado de mi propia experiencia, además de haber visto por lo que han pasado otras personas.

Un acercamiento legalista y religioso roba la vida. No edifica. Recuerde lo que Pablo dijo: "La ley mata, pero el Espíritu da vida". Cuando seguimos al Espíritu, nos sentimos vivos. Cuando seguimos la ley, nos drena la vida.

La Iglesia de Jesucristo se supone que sea gloriosa (Efesios 5:27). Recuerde que la Iglesia está compuesta por sus miembros individuales, por supuesto. ¿Cómo puede la Iglesia ser gloriosa la gente que ha aceptado a Cristo como su Salvador personal no es gloriosa?

Cada uno de nosotros debería hacerse la siguiente pregunta: "¿Querrán las personas tener lo que yo tengo por observar mi vida y ver mi tolerancia?" Somos la luz del mundo (Mateo 5:14), cartas somos, conocidas y leídas por todos los hombres (2 Corintios 3:2).

¿Dónde está la gloria en la iglesia?

Y si el ministerio de muerte grabado con letras en piedras fue con gloria, tanto que los hijos de Israel no pudieron fijar la vista en el rostro de Moisés a causa de la gloria de su rostro, la cual había de perecer, ¿Cómo no será más bien con gloria el ministerio del espíritu?

2 Corintios 3:7, 8

En esos versículos, Pablo revela cuán gloriosa debería ser la nueva bendición, al usar la ilustración de los días de Moisés y los hijos de Israel.

Cuando Moisés bajó del monte, una vez recibió la ley, la gloria del Señor hizo que su rostro resplandeciera a tal grado que tuvo que usar un velo cuando hablaba con la gente (Éxodo 34:28-35).

Pablo usó este incidente de ejemplo. Los judíos de la época de Pablo ya habían experimentado que intentar mantener la ley ministraba muerte en lugar de vida. Pablo les decía que si eso que ministraba muerte llegaba con tal gloria que dicho resplandor se veía salir delante del rostro de Moisés, el dador de la ley, ¿cuánto más glorioso será este nuevo pacto que ministra vida?

Hay ciertas congregaciones por ahí que, en ocasiones, la gloria de Dios las visita. Se supone que esperemos por Dios para que traiga la gloria con soberanía, ¿o debemos traerla nosotros? Tal vez si fuésemos más gloriosos personalmente, no tuviésemos necesidad de orar para que Dios traiga la gloria. Podemos traerla con nosotros cuando vamos a la iglesia, y podérnosla llevar a todas partes.

Si todos los cristianos se llevasen consigo la gloria de Dios al trabajo, los centros comerciales o la escuela, no tardaría mucho en que el mundo se afectara de una forma positiva.

Nosotros los creyentes hablamos sobre la gloria, predicamos sobre la gloria y cantamos sobre la gloria, ¡pero el mundo necesita verla! El mundo necesita ver una Iglesia viva, compuesta por piedras vivas.

Las piedras vivas

Si es que habéis gustado la benignidad del Señor. Acercándoos a él, piedra viva, desechada ciertamente por los hombres, mas para Dios escogida y preciosa, vosotros también, como piedras vivas, sed edificados como casa espiritual y sacerdocio santo, para ofrecer sacrificios espirituales aceptables a Dios por medio de Jesucristo.

1 Pedro 2:3-5

Fíjese que el escritor comienza diciendo que primero debemos gustar de la benignidad de Dios para ir a Él. Después, "las piedras vivas", que somos nosotros, estamos dirigidas hacia una vida dedicada y consagrada, la cual incluirá sacrificios espirituales, pero sólo los que sean agradables y aceptables a Dios.

El único tipo de sacrificio espiritual que a Dios le agrada y acepta es el que se hace por motivos correctos.

Se hace para expresar nuestro amor por Él, no para hacer que nos ame.

Se hace por lo que Él ya hizo por nosotros, no para que Él haga algo por nosotros.

¡Dios no está en venta!

No podemos comprar su amor, favor, misericordia, unción, respuesta a una oración ni nada.

La ley es un velo

Y no como Moisés, que ponía un velo sobre su rostro, para que los hijos de Israel no fijaran la vista en el fin de aquello que había de ser abolido. Pero el entendimiento de ellos se embotó; porque hasta el día de hoy, cuando leen el antiguo pacto, les queda el mismo velo no descubierto, el cual por Cristo es quitado. Y aun hasta el día de hoy, cuando se lee a Moisés, el velo está puesto sobre el corazón de ellos.

2 Corintios 3:13-15

En este pasaje de la epístola de Pablo a los creyentes corintios, podemos leer que cuando la ley se leyó, un velo cubre el corazón y la mente de la gente.

Un velo representa separación.

Mientras leamos la Biblia como si fuese ley, habrá una separación entre nosotros y Dios que impedirá la relación adecuada. Aunque el Viejo Pacto quedó cancelado y abolido, si somos legalistas, leeríamos con el legalismo puesto en todo lo que la Biblia contiene.

Recuerde que un legalista es quien se preocupa sobremanera por mantener la ley. Exalta las reglas por encima de las relaciones.

No sea legalista, que se esconde tras un velo de reglas y leyes. Vaya a Dios tal cual es con el corazón y el rostro sin velos.

Con la cara descubierta

Por tanto, nosotros todos, mirando a cara descubierta como en un espejo la gloria del Señor, somos transformados de gloria en gloria en la misma imagen, como por el Espíritu del Señor. En este versículo leemos que debemos mirar con la cara descubierta para recibir el beneficio que Dios quiere que tengamos del Nuevo Pacto.

Para mí, eso quiere decir que cuando dejo de ser religiosa, legalista y voy a Jesús —cuando pongo a un lado "mis" obras y comienzo a ver a Jesús, cuando le permito quitarme el velo de los ojos— entonces es que Él y yo entramos en una relación personal que, en última instancia, me tornará a su imagen.

Existe un gran énfasis en dedicarle tiempo al Señor hoy día; lo cual es muy correcto.

Más que nada, necesitamos de su presencia. Él es el único Quien puede hacer cualquier cosa por nosotros, y que será de forma permanente.

Lamentablemente, muchas personas se han frustrado por este énfasis. Desean dedicarle tiempo a Dios, pero se sienten incómodos o no saben qué hacer durante el transcurso de ese tiempo.

Debemos aprender a "ser", y no sentir siempre que debemos "hacer".

Hay quienes expresan que nunca sienten la presencia de Dios. Han hallado que la oración y comunión son una experiencia seca. Considero que una de las razones de esto es porque la gente sigue viviendo bajo la ley, en lugar de bajo la gracia. La gracia no es ser libre del pecado; es el poder de vivir una vida santa.

No obstante, la gracia ve cuando el corazón se dirige a Dios y, aunque nuestro proceder no siempre es perfecto, la gracia perdona y ayuda a salir de donde estamos para llegar a donde necesitamos estar.

La ley condena. La gracia (la bendición en la cual vivimos actualmente) elimina la condenación, y nos libera (nos libera *de* y *para*). Libérese de la condenación, el odio a sí mismo, el temor a Dios y otras más trampas negativas.

Y sea libre para servirle a Dios sin presiones, libre para usar la vida y las energías dadas para comportarnos mejor, en vez de luchar contra la condenación.

¡Quitaron el velo!

Cuando venía Moisés delante de Jehová para hablar con él, se quitaba el velo hasta que salía; y saliendo, decía a los hijos de Israel lo que le era mandado.

Y al mirar los hijos de Israel el rostro de Moisés, veían que la piel de su rostro era resplandeciente; y volvía Moisés a poner el velo sobre su rostro, hasta que entraba a hablar con Dios.

Éxodo 34:34, 35

Mientras reflexionaba acerca del velo del cual se refería Pablo en 2 Corintios 3, Dios me mostró un ejemplo tremendo. Cuando un hombre y una mujer se casan, la novia va ante el novio con un velo sobre su rostro. Al terminar la ceremonia y el ministro decir: "Los declaro marido y mujer", y se dirige al novio y le dice: "Puede ahora besar a la novia", el novio levanta el velo, y ambos entran en una relación más íntima en el que el preludio es un beso.

Nunca hubiesen podido tener una relación personal íntima si la novia se negaba en a absoluto quitarse el velo. Imagínese cómo sería la vida que llevase esa pareja si la novia no se hubiera quitado el velo nunca.

Aun cuando Moisés recibió la ley y tuvo que cubrirse el rostro con un velo cuando estuvo frente a la gente, la Biblia dice que cuando estuvo ante la presencia de Dios, tuvo que quitarse el velo. Moisés no podía estar ante la presencia de Dios con un velo sobre su rostro ni nosotros tampoco podemos.

Tal como ninguna relación matrimonial puede estar bien si hay un velo de por medio entre los desposados, tampoco una relación entre el creyente y el Señor puede estar bien hasta tanto no se quite el velo del legalismo.

El novio levanta el velo de la novia. Jesús es el Novio y nosotros la novia. Él vino para levantar el velo de la ley. Él hizo que se cumpliera la ley para nosotros y pagó la penalidad por la violación que cometimos a esa ley.

¡Se levantó el velo para aquellos "en Cristo"!

8

EL LEGALISMO EN LOS ASUNTOS PRÁCTICOS

8

EL LEGALISMO EN LOS ASUNTOS PRÁCTICOS

Porque yo les doy testimonio de que tienen celo de Dios, pero no conforme a ciencia.

Romanos 10:2

Un acercamiento legalista afecta cada área de la vida.

Yo era legalista con mis tareas domésticas. Limpiaba la casa entera todos los días.

Pasaba la aspiradora; quitaba el polvo; enceraba los pisos de madera; brillaba los espejos; y lavaba, secaba y doblaba la ropa del día anterior. No me sobraba tiempo para nada excepto trabajar. Resentía el hecho de que nunca me pareció tener gozo alguno. Sin darme cuenta, me estaba robando el disfrute que con tanto desespero deseaba, pero que parecía no hallar en mi vida.

Un día, ciertas amistades mías me invitaron a ir de compras. Deseaba ir, pues, mi corazón me decía: "Sí, ve y diviértete", pero mi carne me decía: "No, ¡el trabajo va antes que la diversión!".

Iba por el pasillo para proceder con la limpieza, cuando el Espíritu Santo me dijo: "Joyce, este sucio permanecerá aquí mañana. El trabajo esperará por ti. Hay ocasiones en que tienes que salir y divertirte un rato. Yo le llamo a eso la sazón de la vida. El ingerir comida sosa nos evita morir, pero es mucho mejor cuando tiene sabor por un poco de sazón".

Los trabajadores y los amantes

Alguien adicto al trabajo, como lo era yo, logra realizar el trabajo. Los adictos al trabajo podrán hasta ganar la admiración de sus compañeros, pero normalmente no disfrutan tanto de la vida. Además, comienzan a dar muestras de estrés por estar bajo presión con frecuencia. Se les nota las señas en la cara, el cuerpo, las emociones y los pensamientos.

El ser adicto al trabajo pone un gran peso sobre la familia entera. Pone tanto estrés sobre el matrimonio que hay veces que termina en divorcio.

De vez en cuando, veo a una persona "trabajadora", quien se halla casada con alguien con una personalidad "amante de la diversión".

Dios unió en matrimonio a una pareja con caracteres tan opuestos para que pudiesen mantener un equilibrio en su vida. Es posible que la persona "amante de la diversión" necesite aprender a trabajar un poco más y la "trabajadora" necesite aprender a divertirse más.

El diseño de Dios es lo que aprendemos de cada cual y ayuda a complementar las debilidades los unos a los otros. Estamos para equilibrarnos mutuamente. Es posible que nos demos cuenta que estamos sin equilibrio en un área u otra, cuando observamos a otras personas.

Cuando una persona adicta al trabajo se casa, podría pensar que nadie ama el trabajo más que como ella. En mi caso, siempre trataba de hacer que Dave se levantara y trabajara. Él trabajaba toda la semana como ingeniero, y disfrutaba de ver los juegos de pelota, jugar al golf o jugar con los niños durante los fines de semana. Lo regañaba para que hiciera algo "de provecho". De hecho, yo no veía ningún valor al disfrute. Lo deseaba, pero le temía.

Con toda sinceridad, admito que me gusta trabajar, y no me de vergüenza decirlo. Soy trabajadora. Dios me diseñó de esa forma. Si no fuese así, este libro no se hubiese escrito. Se requiere de mucho trabajo poder realizar algo que valga la pena. He aprendido a dejar el trabajo y disfrutar de lo que le da "sazón" a la vida en cualquier momento en que siento que las cosas empiezan a saber "sosas".

Dave trabajaba arduo, pero maniobró para disfrutar todo lo que hacía. Puedo decir con certeza que mi esposo siempre ha "celebrado" la vida. Nunca le molestó ni siquiera ir al supermercado conmigo y los niños. Y si iba, procuraba disfrutar. Solía perseguir a los niños con el carrito por todo el lugar y los niños gritaban y reían con gozo.

Yo me enfurecía, por supuesto. Solía decirle repetidas veces: "¡Podrías dejar de hacer eso! ¡Deja eso! La gente nos mira.

¡Estás montando una escena!". Nada de lo que decía lograba detenerlo. Si acaso, eso lo estimulaba más aún. En ocasiones, me perseguía con el carrito, y eso ¡me exasperaba!

Dave mide seis pies con cinco pulgadas, y es capaz de ver por encima de las góndolas de los pasillos en los supermercados. Solía pararse en el pasillo contrario al que yo me encontrase y, sin yo alcanzar a verlo, él me observaba y empezaba a lanzarme artículos. Yo me preguntaba qué era lo que sucedía, al ver volar los artículos.

Yo era una persona muy intensa. Hacía todo con extrema concentración. El ir al supermercado me resultaba un proyecto. En ese entonces, sólo contábamos con setenta dólares bisemanales para sostener una familia de cinco miembros. Yo recortaba los vales de descuentos; así que siempre llevaba conmigo una calculadora y la cajita donde guardaba los vales.

Además de eso, era muy consciente de la salud, y se me iba mucho tiempo por ponerme a leer las etiquetas de los productos para asegurarme que no le daría a mi familia alimentos llenos de azúcar u otros ingredientes perjudiciales a la salud.

Un día, estaba muy frustrada con Dave. Le estaba gritando, y me dijo finalmente: "Joyce, me gritas ¡porque trato de divertirme un poco!". Le respondí: "¡No vine a divertirme!". Lo triste de todo era que yo no hacía nada por divertirme. No era una persona muy feliz que digamos.

Al mirar al pasado, noto que era obvio por qué no era feliz. Pero en ese momento, estaba engañada y ni lo sabía. Sólo pensaba que quienes no se comportaban según mis estándares eran vagos o frívolos. Hubo momentos en que hicimos cosas divertidas como familia. Y hasta llegué a reír en ocasiones, pero nunca me sentí del todo bien en hacerlas. Como mencioné antes, si me gozaba, me sentía algo culpable después, como si hubiese hecho algo incorrecto.

La mujer biónica

En nuestra sociedad, la debilidad de cualquier tipo no se acepta en absoluto. Solía compartir esa filosofía totalmente. Me sentía que si mostraba de alguna forma una debilidad no "merecía" disfrutar por no haber orado el tiempo que debí orar o no haber leído suficientes capítulos de la Biblia ese día.

Tenía "reglas" en todo. Lo que hacía otra gente, lo convertía en mi regla. Lo que escuchaba en sermones o leía en libros, lo convertía en mis reglas. Hasta hice mis propias reglas.

Una vez, escuché que aunque Dios le dio a Moisés sólo diez mandamientos, para cuando Jesús ya había venido, la gente (aquellos que tenían un espíritu religioso sobre todo) había hecho, por lo menos, unos dos mil reglamentos en detalles de esos diez. No estoy segura de dónde los obtuve todos, pero sí sé que viví definitivamente bajo muchas leyes, reglas y normas.

La casa tenía que estar limpia antes de irme a relajar y disfrutar. Mi comportamiento tenía que ser bueno, y tenía que manifestar todo el fruto del Espíritu. Tenía que ser una buena esposa, sin mostrar rebelión o terquedad. Tenía que orar por un tiempo determinado y leer cierta cantidad de capítulos de la Biblia. Si comía de más o no comía saludable y ni hacía suficiente ejercicio, entonces no merecía disfrutar, y la lista seguía así sucesivamente.

Una tarde, mi hijo me pidió que viera una película con él. Me dijo básicamente esto: "Mamá, ¿podrías dejar de ser 'espiritual' por una tarde, sentarte y tan sólo disfrutar conmigo?". Sabía en mi corazón que tenía razón, y decidí a acceder. Pero no me disfruté nada en realidad porque, de nuevo, me sentí algo culpable.

He progresado en mi relación con Dios, lo suficiente como para saber que de la forma que me sentía no era algo correcto. Sabía que no había nada de pecaminoso en ver una película para la familia con mi hijo. Finalmente, le dije a Dios a gritos: "Señor, ¿qué pasa conmigo? ¿Por qué me siento de esa forma? Durante las veinticuatro horas siguientes, Dios comenzó a revelarme ciertas cosas que iban a cambiarme la vida. Me mostró que las debilidades inherentes en algunas personas en mi vida fueron quienes en mí abrieron la puerta y dejaron que entrara mucho dolor y abusos. Las debilidades de personalidad han impedido a quienes debieron ayudarme. Me parece a las personas débiles les sacan provecho o sus debilidades les causan daño a otras personas.

¡Había decidido no ser débil! ¡Despreciaba la debilidad!

Luego, tuve que afrontar el hecho de que *todos* tenemos ciertas debilidades. Somos humanos. Vivimos en cuerpos carnales que se cansan. La carne lucha contra el espíritu, y, a veces, escogemos marchar con el enemigo (la carne).

A veces, caemos en la tentación antes de darnos cuenta de lo que hicimos. ¡Tenemos que crecer! ¡Y eso toma tiempo! Dios lo entiende, y está dispuesto a sufrir, ser paciente, tardo para la ira, amable y misericordioso. Pero debemos estar dispuestos a aceptar su gracia.

Nuestro Padre celestial se deleita en bendecirnos, y no lo "merecemos" a veces. Yo quería aprender todo, para merecer todo. Cuando sentía que no había hecho lo que me correspondía, o dado lo mejor de mí, entonces no me permitía disfrutar de nada.

Nadie estaba haciéndome eso.

Yo era mi peor enemiga. No me permitía disfrutar de nada,! a menos que pensara que me lo merecía!

Esta revelación del Espíritu Santo fue un gran de avance para mí, pero todavía tenía que aplicármelo. (Una vez vemos la verdad, nos liberará, pero sólo cuando la aplicamos). Empecé a aplicarme la nueva libertad que hallé en mi vida cotidiana. Hice lo mejor que pude todos los días, porque amaba a Jesús, pero cada día fracasaba en llegar a la "perfección".

Comencé a intentar equilibrar mi vida. Trabajo... descanso... diversión... risas... tiempo con Dios... tiempo con Dave... tiempo con mis hijos... tiempo conmigo misma. Estaba aprendiendo que **Todo tiene su tiempo, y todo lo que se quiere debajo del cielo tiene su hora** (Eclesiastés 3:1). El término "debajo del cielo" significa en la tierra.

Los cristianos "espirituales" que no son buenos en la tierra

Si, pues, coméis y bebéis, o hacéis otra cosa, hacedlo todo para la gloria de Dios.

1 Corintios 10:31

Estamos en la tierra, y hay cosas terrenales que debemos atender. No podemos ser espirituales todo el tiempo. Sin embargo, si una persona tiene lo que yo llamo "espíritu religioso" sobre sí, tenderá a hacer caso omiso de las cosas naturales que debe atender y le creará un problema mayor en su vida. O si se encarga de lo terrenal o lo secular, no las disfrutará.

Siempre estará apurada por esas cosas mundanas, tratando de volver a ciertas actividades espirituales, porque sólo entonces es que se sentirá bien sobre sí misma. Sólo siente aprobación por parte de Dios cuando hace lo que cree es algo "espiritual".

Debemos aprender que podemos comunicarnos con Dios mientras lavamos la ropa al igual que si estuviésemos arrodillados.

Considero que Dios prefiere una persona con quien tener comunión —que hable con Él a ratos durante el día— que a una quien programa el reloj para determinada cantidad de tiempo. En el instante que el tiempo termina, corta la comunicación con Dios hasta el siguiente día.

El Señor está siempre presente y disponible para la comunión con nosotros o para ayudarnos con las necesidades.

Recomiendo mucho que separe un tiempo, sobre todo, para tener comunión con Dios, orar y estudiar. Pero, para yo poder disfrutar de mi vida completamente, tuve que aprender que Él está dispuesto a involucrarse en todo lo que hago.

Según 1 Corintios 10:31, debemos hacer todo lo que hacemos para la gloria de Dios, lo cual incluye el reino secular como el reino espiritual. En Lucas 19:13, Jesús nos enseñó a que nos "ocupáramos" hasta que venga. La raíz hebrea de la cual se deriva el término "ocupar" significa "mantenerse activo con algo"[20]. Considero que lo que Jesús quiso decir fue que debemos esperar por su venida con gran expectativa y, hasta que venga, vivir la vida plenamente.

La presencia de Dios hace que el lugar sea santo

> Entonces Moisés dijo: Iré yo ahora y veré esta grande visión, por qué causa la zarza no se quema. Viendo Jehová que él iba a ver, lo llamó Dios de en medio de la zarza, y dijo: ¡Moisés, Moisés! Y él respondió: Heme aquí. Y dijo: No te acerquéis; quita tu calzado de tus pies, porque el lugar en que tú estás, tierra santa es.
>
> Éxodo 3:3-5

Dios me llamó para el ministerio cuando estaba en mi habitación recogiendo la cama y le hablaba. Recoger la cama es una actividad mundana. No hay nada particularmente espiritual o emocionante en ello, pero Dios eligió hablarme de tomar una dirección que alteraría mucho el curso entero de mi vida y mi familia mientras me hallaba en esta muy común y cotidiana actividad.

Si usted y yo dejásemos que Dios entrase en cada una de las áreas de nuestra vida, estaríamos asombrados de los lugares y las horas en que el Señor nos hablaría.

Cuando Dios se le apareció a Moisés en el lugar de la zarza ardiente, Él le dijo a Moisés que se quitara las sandalias porque la tierra que pisaba era santa. Unos segundos antes de que Dios se apareciera, era tierra normal, pero en ese momento se tornó en tierra santa. ¡Su presencia la hizo santa! Su presencia está en el creyente que ha aceptado a Cristo Jesús como su Salvador.

Somos el templo de Dios. Nuestro cuerpo es el templo del Espíritu Santo (1 Corintios 6:19). ¡Él mora en nosotros! Dondequiera que vamos, Él va. Si vamos al mercado, Él va. Si vamos a jugar golf, Él va. Si vamos al parque con los niños, Él va.

Todas esas actividades ordinarias son tareas que debemos hacer o deberíamos hacer, para mantener equilibrio en nuestra vida. Las tareas que realizamos y los lugares a los que vamos diariamente no son santos en sí, pero cuando salimos y realizamos cosas, Dios prometió que estaría con nosotros. Y el lugar donde Dios esté se convierte en uno santo.

Las cosas seculares se pueden tornar en unas sagradas cuando el Señor está presente. Si usted y yo hacemos todo lo que hacemos para la honra y gloria del Señor, entonces todo se puede lograr hacer conscientes de su presencia.

No todas las cosas son de igual valor cuando se comparan con otras. Algunas cosas como la oración o los estudios bíblicos podrían tener más valor eterno, pero eso no quiere decir que Dios desapruebe las demás cosas o no se deban disfrutar.

Creo que deberíamos celebrar la vida, y para hacerlo, debemos aprender a celebrar cada aspecto de ella. Todas las partes forman el entero. El Webster define la palabra *celebrar* en parte como "observar una ocasión con... festividad"[21]. La vida es, de hecho, una ocasión especial, y debería celebrarse con festividades y, sobre todo, con una actitud festiva. Deberíamos confesar diariamente el Salmos 118:24:

Este es el día que hizo Jehová;
Nos gozaremos y alegraremos en él.

¡Disfrute la vida!

A menudo, intentamos ser "cristianos biónicos", y, si no somos cuidadosos, nos pondremos tan espirituales que no seremos terrenalmente buenos. Leemos sobre admirables hombres y mujeres de Dios en la Biblia y la Iglesia quienes realizaron grandes hazañas. Si no estamos alertas, es posible que empecemos a sentir que, a menos que hagamos grandes hazañas, nada de lo que hagamos tiene valor.

No obstante, debemos recordar que esas personas no realizaron grandes hazañas todos los días. Escuchamos de las grandes hazañas que lograron en el reino espiritual, pero tenían un lado secular en su vida igualmente.

Se levantaban en la mañana con mal aliento tal como el resto de nosotros. Tenían que trabajar para vivir y lidiar con personas desagradables, limpiar la casa, llevarse bien con los compañeros y cuidar de los hijos. Y tenían que aprender a mantener equilibrio o, si no, los libros no hablarían de ellos, porque esas personas probablemente tuvieron que haber sido devoradas por el enemigo.

Cuando digo que debemos gozarnos, no promuevo la carnalidad. Simplemente quiero decir que deberíamos disfrutar *todo* lo de la vida.

¿Cuántas personas crían hijos, pero nunca toman tiempo para disfrutarlos? ¿Cuántos miles de millones de personas se casan y no disfrutan verdaderamente de su pareja?

En 1 Pedro 3:1, 2, a las esposas se les enseña a *disfrutar* de sus maridos, y en Proverbios 5:18, se les aconseja a los hombres que se *alegren* con la mujer de su juventud. Existirían menos divorcios y muchos más matrimonios felices si las parejas decidieran por disfrutarse y alegrarse mutuamente en lugar de tratar de cambiarse el uno al otro. Aprenda a disfrutar de las personas. Disfrute de su esposo, la familia y las amistades. Aprenda a disfrutar de su personalidad única e individual. No se pase todo el tiempo solo, sin gozo. Disfrute de su hogar, Disfrute un poco de su dinero ahora. No cometa el error de esperar por la jubilación para realizar lo que siempre soñó hacer en la vida, pero que nunca tomó tiempo para ello. Existe un lado práctico de la vida. Si la vivimos con una mentalidad legalista y rigurosa, no se disfrutará. Jesús vino para que tengamos vida y la disfrutemos plenamente, hasta rebozar. Haga lo mejor que pueda para asegurase que el propósito de Él se cumpla.

Siempre he disfrutado lo que Pablo dijo en Filipenses 3:12:

> No que lo haya alcanzado ya, ni que ya sea perfecto; sino que prosigo, por ver si logro asir aquello para lo cual fui también asido por Cristo Jesús.

En esta referencia, Pablo hablaba de la perfección y presión hacia la meta, pero considero que este es un principio espiritual que podemos aplicar en todas las metas de Dios para nosotros.

He determinado disfrutar mi vida ¡por completo!

He determinado también vivir una vida santa, cosechar el fruto del Espíritu, cumplir el llamado de Dios en mi vida, aprender la Palabra de Dios, tener una vida de oración formidable y muchas cosas más. Algunas de las últimas cosas que mencioné podrán sonar más espirituales que decir: "Determiné disfrutar mi vida", pero ante los ojos de Dios, creo que son más importantes.

El agotamiento espiritual

Cuando las personas están fuera de equilibrio con actividades espirituales, tienden a experimentan agotamiento espiritual normalmente.

Ni usted ni yo necesitamos estar en cierta función de la iglesia seis o siete veces a la semana, ni pasar después el tiempo que tengamos sentados en el hogar, leyendo la Biblia y sosteniendo luchas espirituales.

Necesitamos equilibrio.

Cuando se le pregunta a muchos cristianos hoy: "¿Cómo está?", responden: "Con cansancio". Otros dicen: "Ocupados". *Dios no se impresiona por la fatiga o el "ajetreo" que tengamos.* Aunque el Señor nos dijo que nos "ocupáramos" hasta la hora en que viniese, Él nunca nos ha dicho que nos mantengamos tan "ocupados" que lleguemos a agotarnos.

En Mateo 11:28, Jesús dijo:

> Venid a mí todos los que estéis trabajados y cargados, y yo os haré descansar.

El trabajo y la carga a las cuales Jesús se refería aquí era al trabajo y la carga impuestos por los fariseos (la elite religiosa) con su celo en extremo por intentar mantener la ley.

En Mateo 23:4, al hablar de los escribas y los fariseos, Jesús dijo:

> Porque atan cargas pesadas y difíciles de llevar, y las ponen sobre los hombros de los hombres; pero ellos ni con un dedo quieren moverlas.

¿Cuándo lo que es suficiente será suficiente? Lo suficiente jamás será suficiente siempre y cuando usted y yo lidiemos con esos espíritus religiosos tipo fariseos que obran a través de otras personas y de hasta los pensamientos y sentimientos nuestros.

Finalmente, en Mateo 11:18, 19, Jesús dijo acerca de estas personas:

> Porque vino Juan, que ni comía ni bebía, y dicen: Demonio tiene. Vino el Hijo del Hombre, que come y bebe, y dicen:

He aquí comilón, y bebedor de vino, amigo de publicanos y de pecadores...

Los "súper religiosos" no aprobaron a Juan. Tampoco aprobaron a Jesús cuando vino e hizo lo que dijeron que querían que Juan hiciese. No importa cuán correctos podamos estar, jamás será lo suficientemente correcto si escuchamos a quienes hacen exigencias fuera de proporción.

Jesús le dijo a la gente de esa época que fueran a Él y le aligeraría sus cargas y le haría descansar del trabajo. En Mateo 11:30, Él agregó: **Porque mi yugo es fácil, y ligera mi carga.** Era obvio que decía que la ley le había puesto un yugo a la gente que era severo, duro, agudo y opresor; un yugo el cual no podía sobrellevarse sin evitar el agotamiento.

El mismo principio nos aplica hoy día.

Deténgase a respirar un poco

Una fina mujer cristiana me dijo hace poco: "Simplemente ya no puedo hacerlo todo. Necesito de algún tiempo para cuidar de mi perro, mi hogar, y necesito un tiempo para mí".

Siguió diciendo: "Siento que todo lo que hago es trabajar y correr a las actividades de la iglesia. Estoy cansada de observar a la gente de la iglesia. En ocasiones siento que son muy "súper espirituales", que resultan nauseabundos".

Además, indicó que ella quería reír y divertirse, y que no aconsejaba la carnalidad. Simplemente no se sentía que disfrutara de ser cristiana, y la causa era la espiritualidad en exceso.

Relató un incidente en el cual ella había invitado a un compañero de trabajo a asistir a un concierto cristiano. El hombre no había nacido de nuevo, y ella anhelaba que el concierto se tornara en una puerta abierta para que él aceptara al Señor como Salvador. La mujer estaba horrorizada por el comportamiento de sus amistades cristianas, pues no fueron sensibles como para saber dónde se hallaba espiritualmente el hombre.

Camino al concierto, lo único que hicieron fue sostener "pláticas espirituales", como hablar de la expulsión de demonios, usando continuamente "frases carismáticas" que el hombre ni entendía. La mujer dijo: "Estaba tan avergonzada que quería enterrarme en un hoyo. No podía esperar el momento de alejarme de ellos". No creo que la mujer se sintiese avergonzada de testificar a Jesús, pero lo que sus amistades hacían estaba fuera de lugar. No era el momento adecuado para eso.

Todas esas cosas en conjunto la llevaron a un lugar de "agotamiento espiritual". Una vez que ha ocurrido eso, la gente normalmente se echa para atrás por completo, no se controlan y esa es la oportunidad para recaer.

¡Necesitamos equilibrio!

Satanás se dirige hacia el exceso. El exceso es su zona de juegos. Si tiene éxito en impedir que realicemos algo, el siguiente método que usará será tentarnos a hacer demasiado de eso.

Dios ha tomado tiempo y esfuerzo para crear un mundo hermoso para nosotros. Es una tragedia el que no lo disfrutemos. Como la gente suele decir: "Deténgase a respirar un poco".

Hasta en medio del trabajo, aprenda a tomarse unos cinco minutos de vacaciones. Deténgase, mire a su alrededor y saque tiempo para disfrutar lo que observa. Tal vez vea un niño reír y le sirva como recordatorio de algo importante.

Hay veces que veo a una persona anciana y me acuerda que algún día mi vida terminará y debería disfrutar en este preciso instante. El mirar un campo de trigo me acuerda la época de semillas y cosechas, un principio formidable que nuestro Dios maravilloso ha establecido en la tierra.

Hace un par de años, fui a Costa Rica en un viaje misionero. Conducíamos un día cuando, de repente, experimenté algo triste. Estuvimos por una región de montañas espectaculares durante cuatro horas, y no las vi. ¿Qué hacía yo? ¡Pensaba! Posiblemente en cómo resolver algún problema.

Tuve la oportunidad de mi vida frente a mí. Las montañas y el campo eran hermosos en lo absoluto, y ni me tomé el tiempo para contemplar la escena. ¡Hacía "trabajo interno"! El razonar es eso: "trabajo interno".

Como dicen los anuncios: "Sólo se vive una vez en la vida". La Biblia dice que... **está establecido que el hombre muera una sola vez...**(Hebreos 9:27).Pero también se señala que se vive una vez.

Reciente vi una película en la que un hombre era adicto al trabajo. El trabajo y los negocios para acumular riquezas controlaban su vida. Tenía un hermano que era lo opuesto a él. Nunca terminó nada en la vida; era vago y no hacía otra cosa que no fuera divertirse.

Ambos hombres carecían de equilibrio. El hermano que había pasado toda su vida trabajando no había disfrutado de la vida nada en realidad. No había establecido relaciones ni se había casado nunca. Se entretenía poco, pues todo era negocios.

Una mujer llegó a su vida. Ella reconoció el problema del hombre, problema del cual él no se había percatado. Ella lo amó, pero entendía que nunca podría vivir de la manera que lo hacía él. Una noche, luego de haber ido a cenar, dieron un paseo. Se la pasó hablando del trabajo. La pasó frente a un edificio, y le dijo a la mujer: "Es ahí donde trabajo".

La mujer lo miró y le dijo: "Sé que trabajas ahí, pero ¡dónde vives!". Ella no le preguntaba por la dirección física de su hogar, lo que hizo fue señalarle un punto.

¡Saque tiempo para vivir!

9

DEMASIADOS PROBLEMAS COMO PARA DISFRUTAR LA VIDA

9

DEMASIADOS PROBLEMAS COMO PARA DISFRUTAR LA VIDA

Que estamos atribulados en todo, mas no angustiados; en apuros, mas no desesperados;

Perseguidos, mas no desamparados; derribados, pero no destruidos;

Llevando en el cuerpo siempre por todas partes la muerte de Jesús, para que también la vida de Jesús se manifieste en nuestros cuerpos.

2 Corintios 4:8-10

Una gran mentira y decepción de parte de Satanás es que no podemos disfrutar de la vida si estamos en medio de situaciones desagradables. Un estudio de la vida de Jesús prueba lo contrario, igualmente Pablo, y muchos otros más. De hecho, sabían que el gozo era una fuerza espiritual que podía ayudar a sobrellevar los problemas.

En Juan 16, Jesús les advirtió a sus discípulos de las muchas penurias y persecuciones que afrontarían en esta vida, y concluyó en el versículo 33: **Estas cosas os he hablado para que en mí tengáis paz. En el mundo tendréis aflicción; pero confiad, yo he vencido al mundo.**

Jesús les decía a sus seguidores que "cuando se tiene problemas —y se tendrán en este mundo— deben ¡animarse!".

Si uno no entendía ciertas cosas en el espíritu, podría casi sonar como que Jesús no era muy compasivo. En realidad, Él estaba compartiendo un "secreto espiritual": ...**el gozo de Jehová es nuestra fuerza** (Nehemías 8:18). O, como dice Jerry Savelle: "Si el diablo no puede robarte el gozo, ¡puede quedarse con nuestros bienes!".

El gozo como un arma

Fortalecidos con todo poder, conforme a la potencia de su gloria, para toda paciencia y longanimidad.

Colosenses 1:11

Pablo oró por los colosenses para que resistieran con gozo. ¿Por qué con gozo? Porque el gozo nos permite disfrutar del viaje.

Si usted y yo no podemos nunca disfrutar nuestra vida hasta que llegue la hora en que no haya situaciones adversas, viviremos con tristeza y nunca sabríamos del gozo que Jesús nos dejó. Creo también que el gozo —y su manifestación— es un arma para la guerra espiritual, al igual que un fruto del Espíritu Santo.

El gozo como fruto del Espíritu

Y vosotros vinisteis a ser imitadores de nosotros y del Señor, recibiendo la palabra en medio de la gran tribulación, con gozo del Espíritu Santo.

1 Tesalonicenses 1:6

Los creyentes de Tesalónica eran perseguidos por la fe, pero Pablo les escribió que resistieran la persecución con gozo. Según Gálatas 5:22, el gozo es un fruto del Espíritu — no la tristeza ni la depresión— y no el fruncir el ceño.

Si permanecemos llenos del Espíritu Santo, Él nos inspirará o energizará para estar alegres, pese a las circunstancia externas.

Considero que la falta de alegría es la razón por la cual en muchas ocasiones nos rendimos cuando lo que deberíamos hacer es resistir. Además, creo también que la presencia del gozo nos da resistencia para durar más que el diablo, superar las situaciones negativas y "heredar la tierra".

Buen ánimo y valentía

Esfuérzate y sé valiente; porque tú repartirás a este pueblo por heredad la tierra de la cual juré a sus padres que la daría a ellos.

Josué 1:6

En Juan 16:33, Jesús dijo: **Esfuérzate… ¡Ten ánimo!** Una definición del verbo griego *animar* se traduce como "tener buen ánimo"[22]. Cuando el Señor le daba instrucciones a Josué, Él le dijo en repetidas ocasiones que se esforzara y fuese valiente.

Sin esa valentía (una actitud de ánimo) que Dios le aconsejaba a Josué para continuar, se hubiese rendido cuando el enemigo luchase contra él. Y los hijos de Israel nunca hubiesen alcanzado la Tierra Prometida que heredaron.

Lo dicho es verdad para con nosotros en nuestro andar diario. El gozo y el ánimo nos dan fuerzas para seguir hacia la meta que el Señor nos ha fijado en la vida.

¡Guarde la mente, vigile la boca!

Nunca se apartará de tu boca este libro de la ley, sino que de día y de noche meditarás en él, para que guardes y hagas conforme a todo lo que en él está escrito; porque entonces harás prosperar tu camino, y todo te saldrá bien.

Josué 1:8

Josué tenía bastantes enemigos que encarar en su viaje. De hecho, tal parecía que era el cuento de nunca acabar para él. Pero, por favor, fíjese que el Señor instruyó a Josué para que mantuviese la Palabra en su boca y su mente, no en el problema.

Como Josué, si usted y yo tuviésemos que hacer próspero nuestro camino y tener éxito en esta vida, tendríamos que, definitivamente, poner el pensamiento y las palabras en otra cosa que no sea el problema que se nos presenta. Necesitamos dejar de pensar en el problema, dejar de hablar del problema y hasta de orar por el problema a veces. Si ya hemos orado, Dios lo ha escuchado.

No estoy diciendo que no hay un tiempo para la importunidad, pero podemos decir a menudo que establecemos una relación con Dios, cuando en realidad lo hacemos con el problema como tal.

En Marcos 11:23, Jesús nos enseña a *hablarle* a la montaña. Él no dijo: *"Habla de la montaña"*. Si hay un propósito en hablar de ella, hágalo entonces. De lo contrario, es mejor guardar silencio al respecto. Las palabras sacuden los sentimientos que, con frecuencia, causan disgustos por el excesivo enfoque que damos a la situación.

Vale la pena salir y hacer algo agradable mientras se espera que Dios resuelva el problema. Podrá ser que usted no se sienta de esa forma, pero hágalo de todos modos.

¡Le ayudará!

*¡Mantenga su mente y su boca alejadas del proble*ma!

Tenga vida y disfrútela
¡ahora!

Siempre pensamos que disfrutaremos de la vida cuando progresemos y lleguemos a un punto de avance. Pero, qué tal disfrutar del viaje, del tiempo de espera, ¡del camino!

Claro está que no quiero sonar negativa, pero cuando lleguemos al punto de avance que tanto hemos esperado, faltará poco para que otro cambio esté frente a nosotros. Si esperamos por disfrutar de la vida hasta que no tengamos problemas, tal vez nunca tengamos mucho disfrute.

Deje que Dios se encargue de sus problemas; ponga sus cargas sobre Él, y haga lo que nos ha enseñado a hacer. Suena casi demasiado bueno para ser verdad, ¿no es así? De hecho, usted puede *disfrutar* la vida mientras Dios maneja absolutamente ¡todos sus problemas!

El valor de la risa

En seis tribulaciones te librará,
Y en la séptima no te tocará el mal.
En el hambre te salvará de la muerte,
Y del poder de la espada en la guerra.
Del azote de la lengua serás encubierto;
No temerás la destrucción cuando viniere.
De la destrucción y del hambre te reirás,
Y no temerás de las fieras del campo.

Job 5:9-22

Existen unas Escrituras formidables en la Biblia acerca de la risa, la cual es una expresión de la alegría. Job 5:19-22 es uno de mis pasajes favoritos relacionados con este tema. En el versículo 22, se dice que nos *reiremos* de la destrucción y el hambre, lo cual es lo que Dios haría en una situación similar como la que recita el Salmos 2:2-4. Ese salmo habla de la forma como Él maneja sus enemigos.

La risa de fe

Se levantarán los reyes de la tierra,
Y príncipes consultarán unidos
Contra Jehová y contra su ungido, diciendo:
Rompamos sus ligaduras,
Y echemos de nosotros sus cuerdas.

El que mora en los cielos se reirá;
El Señor se burlará de ellos.

Salmos 2:2-4

Cuando los enemigos de Dios se aúnan todos contra Él, Él se sienta en su trono celestial a reírse de ellos. Él es el Alfa y la Omega, Principio y Fin (Apocalipsis 1:8), así que ya Él sabe cual será el giro de las cosas, pues Él es el principio y fin. Debe ser también todo lo que hay por entremedio.

Si somos guiados por el Espíritu Santo, podemos reírnos también durante esas épocas. Reiremos la risa de fe tal como Abraham hizo. Dios le dijo que haría hasta lo imposible por él; que aunque era muy anciano como para tener hijos, Él le daría uno de todas maneras. Abraham ¡rió! (Génesis 17:17).

El milagro no le sucedió de inmediato. Pasaron años antes que Abraham viera cumplida la promesa de Dios. No obstante, creo que no fue la última vez que rió. Estoy segura que pensó en múltiples ocasiones lo que Dios le dijo, y se rió conforme esperaba el día que vio en su corazón.

Dedicamos mucho tiempo a los pensamientos, al fijar la mirada en el presente en vez de la meta final.

Piense en todas las demás cosas que Dios ha hecho por usted. Usted tuvo que esperar por ellas. ¡Él es fiel! Y cumplirá lo que ha prometido. Es probable que espere por un tiempo, pero si decide disfrutar del viaje, no le parecerá muy prolongado.

Es posible que haya escuchado que "el agua de la olla que se vigila nunca hierve". Cuando nos paramos frente a una olla a vigilar que el agua hierva, nos parece eterno el tiempo que tarda en llegar a su punto de ebullición. Pero si nos ponemos a hacer otras cosas y dejamos de pensar en la olla, nos parece que tan sólo pasaron unos segundos.

Vigilar el problema es como ponerse a vigilar la olla con agua. Si quiere poner su granito de arena, deje de pensar en los problemas entonces. Se resolverán mucho más rápido, y usted podrá decir: "Disfruté del viaje".

La risa como medicina

El corazón alegre constituye buen remedio;
Mas el espíritu triste seca los huesos.

Proverbios 17:22

La risa no tan sólo hace que el viaje sea tolerable y hasta agradable, sino que nos ayuda a estar saludables también. Las preocupaciones y la ansiedad causan estrés, lo cual devora la salud.

La raíz de muchos males lo es el estrés. La risa alivia el estrés, y altera las sustancias químicas del cuerpo.

Leí una vez la historia de un hombre que estaba muriendo. Los médicos dijeron que no podían hacer nada por él. El hombre hizo que la familia alquilara todas las películas de comedia que encontrase, y se acostaba en su cama un día tras el otro a reír y reír. Se curó por completo.

Una vez, escuché que alguien dijo que la risa es como trotar internamente. De hecho, la risa mejora nuestra salud mental y emocional. Y, según las Escrituras, tiene la capacidad de hacer mucho más.

Usted podría pensar: "Bueno, Joyce, no tengo nada de qué reírme".

Yo tampoco tengo de qué reírme en muchas ocasiones, pero aprendí a buscar algo de qué reírme. Necesitamos reír todos los días lo más que podamos.

Busque momentos oportunos para reír

He cambiado mucho en esta área recientemente. Hace un par de años, lo más seguro dejé pasar muchas oportunidades para reír. Estaba muy ocupada con ser seria. En la actualidad, cuando se me presenta una oportunidad, la tomo y aprovecho al máximo la misma.

Pienso que, de una vez, debería reírme cuando se presenten las oportunidades porque no sé cuanto tiempo pasará entre una y otra. Sé que necesito reírme, y usted también.

La risa y la alegre deben cultivarse. Jesús habló de la alegría y el gozo pleno. Quiero tener lo más que pueda de ambas, pero se requiere de esfuerzo, de manera consciente, para mantener el corazón feliz. Satanás está siempre deseando robar o bloquear nuestra alegría, y lo logrará si se lo permitimos.

El reír y sonreír prueban externamente el gozo que hay internamente. A menudo, digo: "Cierta gente que es salva necesita decírselo al rostro". Algunos cristianos llevan una cara de agriados que parece que fueron bautizados con jugo de limón o vinagre. El mundo no puede ver nuestro corazón; necesitan ver expresión. Nuestra actitud general debe ser de agrado, con abundantes sonrisas, y, si el momento es el adecuado, debemos reír siempre que sea posible.

Hay ocasiones en las que sería totalmente inapropiado reír. Nunca se alegre a costa de otros. Nunca se burle de los defectos de otra persona. Existe una diferencia entre el tener un ungido rato agradable y el dedicarse a bromear con aspereza.

Nunca sea grosero.

Una vez, Dave y yo llevamos a nuestro hijo al cine. Mientras estábamos allí, Danny dijo algo que me pareció gracioso. Empecé a reírme y evitaba hacerlo para no ser escandalosa. Todo eso me hizo reír más alto, pero lo hacía silenciosamente. Me reí con tantas ganas que las lágrimas me corrían por las mejillas. Dave se reía de verme reír, y no podía contenerme. Dave dijo: "No debimos haber reído. Estamos molestando a los demás". Y tenía toda la razón.

El Espíritu Santo no aprueba la grosería.

Suponga que tengo un familiar hospitalizado por una cirugía sencilla y unas amistades se reúnen conmigo en la sala de espera. Es posible que pasemos un buen rato, pero que tal si los familiares de otra persona hospitalizada estuviesen allí y sucediera que el paciente se viera entre la vida y la muerte, sería de mal gusto no tener consideración con ellos.

Determine reír más, pero recuerde ser sensible.

El clima del cielo es alegre

Me mostrarás la senda de la vida;
En tu esencia hay plenitud de gozo;
Delicias a tu diestra para siempre.

Salmos 16:11

Según el salmista, el clima del cielo es alegría y placer, lo que significa que donde está Dios, hay risa santa. He experimentado esa risa santa muchas veces, cuando paso tiempo con Dios. Su presencia me hace feliz.

La primera vez que escuché reír a alguien con risa santa, no sabía qué pensar, Me hallaba en una reunión de oración de intercesión. Habíamos orado profundamente, en una petición con llantos y a gritos. De momento, podría decirse que hicimos un avance, y la esposa del pastor empezó a reírse.

Ella se rió mucho.

Podía decirse que su risa era genuina porque salía de su espíritu. Tiene sentido estar gozoso cuando se piensa en que se ha progresado.

¿Por qué habrá personas que le dicen a Dios cuánto creen en Él y se la pasan deprimidos? Recuerde que Romanos 15:13 expone que la alegría y la paz se hallan en el creer.

Un avance repentino de alegría y risa

Y se agolpó el pueblo contra ellos; y los magistrados, rasgándoles las ropas, ordenaron azotarles con varas.

Después de haberles azotado mucho, los echaron en la cárcel, mandando al carcelero que los guardase con seguridad.

El cual, recibido este mandato, los metió en el calabozo de más adentro, y les aseguró los pies en el cepo. Pero a medianoche, orando Pablo y Silas, cantaban himnos a Dios; y los presos los oían.

Entonces sobrevino de repente un gran terremoto, de tal magnitud que los cimientos de la cárcel se sacudían; y al instante se abrieron todas las puertas, y las cadenas de todos se soltaron.

Hechos 16:22-26

Este pasaje hace un recuento de incidentes en la vida de Pablo y Silas y como la alegría de ambos precedían y precipitaban un avance "repentino".

Hallamos estos hombres de Dios ejerciendo el poder de la alegría en medio de unas situaciones muy difíciles. Les desgarraron las ropas, los golpearon con varas y echaron a la cárcel, sin haber hecho nada malo. En una situación tan deprimente como esa, tenían que haber manifestado una alegría sobrenatural que emanaba del espíritu de ellos. No pudo haber sido una respuesta natural, ya que no había nada en la naturaleza que fuera motivo de alegría.

Mediante este incidente, el carcelero fue salvo (Hechos 35:27). Creo que más personas en el mundo recibirán la salvación que espera por ellos cuando los cristianos empiecen a expresar de verdad la alegría de su propia salvación.

La alegría de la salvación

Entonces mi alma se alegrará en Jehová;
Se regocijará en su salvación.

Salmos 35:9

David habló de la alegría que su alma encontró en el Señor y su salvación, como lo vemos en el Salmos 51:12 en el que oró después que haber pecado con Betsabé:

> Vuélveme el gozo de tu salvación,
> y espíritu noble me sustente.

En Lucas 10:17-20, leemos que Jesús le dijo a los setenta que Él los ha enviado a ministrar en su nombre:

> Volvieron los setenta con gozo, diciendo: Señor, aun los demonios se nos sujetan en tu nombre.
> Y les dijo: Yo veía a Satanás caer en el cielo como un rayo.
> He aquí os doy potestad de hollar serpientes y escorpiones, y sobre toda fuerza del enemigo, y nada os dañará. Pero no os regocijéis de que los espíritus se os sujetan, sino regocijaos de que vuestros nombres están escritos en los cielos.

Si usted y yo no tuviésemos ninguna otra razón en absoluto para alegrarnos, la salvación es razón suficiente en sí para estar gozosos en extremo. Tan sólo imagínese cómo se sentiría si todo en su vida fuese perfecto, pero usted no conocía a Jesús o, peor aún, si hubiese tenido que enfrentar sus situaciones actuales sin saber de Jesús.

Hay ocasiones en que escuchamos a la gente decir: "Me siento que estoy entre la espada y la pared". Cuando quienes no conocen a Jesús dicen eso, son honestos, pues *están* entre la espada y la pared literalmente. Pero quienes tienen una relación establecida con el Señor están entre la Piedra Angular (Jesús) y la espada. Estar firmes sobre la Piedra es un lugar mucho mejor para hallarse que cualquier cosa que esté disponible para quienes no tienen a Cristo.

La victoria no es ausencia de problemas, es la presencia del poder.

El poder de Dios es más grande que cualquier problema. Su victoria se traga todas las situaciones adversas. Podemos pararnos firmes, ser más que vencedores, cuando sabemos que Él está con nosotros. En repetidas ocasiones, la Biblia nos enseña a no temer, porque Él está con nosotros. No sólo está Él con nosotros, sino que Él está en nosotros para librarnos.

¡Permanezca firme, al negarse perder su gozo!

Saliste al encuentro del que con alegría hacía justicia, de los que se acordaban de ti en tus caminos...

Isaías 64:5

Como usted y yo somos la justicia de Cristo, Dios se encontrará con nosotros en medio de nuestra necesidad nos alegremos y verá en la recta final. Un corazón alegre no es un corazón pesado; es uno lleno de canto. Tal como hizo con Pablo y Silas en la cárcel de Filipos, Dios nos dará una canción para la "medianoche".

En Isaías 61:3, el profeta dice que el Señor da una vestimenta de alabanza para el espíritu de pesadez, y en Romanos 4:18-20, leemos lo que Abraham hizo durante el tiempo de espera para que el Señor le cumpliera su promesa:

El creyó en esperanza contra esperanza, para llegar a ser padre de muchas gentes, conforme a lo que se le había dicho: Así será tu descendencia.

Y no se debilitó en la fe al considerar su cuerpo, que estaba ya como muerto (siendo de casi cien años), o la esterilidad de la matriz de Sara.

Tampoco dudó, por incredulidad, de la promesa de Dios, sino que fortaleció en fe, dando gloria a Dios.

Abraham no permitió que su corazón se pusiese pesado; al contrario, mantuvo su fe y espíritu, alabó y dió gloria a Dios.

Considero que Abraham mantuvo un corazón alegre, y de ahí que su fe se fortaleció para llevarlo hasta el final.

Pozos de alegría

En el último y gran día de la fiesta, Jesús se puso en pie y alzó la voz, diciendo: Si alguno tiene sed, venga a mí y beba.

El que cree en mí, como dice la Escritura, de su interior correrán ríos de agua viva. Esto dijo el Espíritu que habían de recibir los que creyesen en él; pues aún no había venido el Espíritu Santo, porque Jesús no había sido aún glorificado.

Juan 7:37-39

Cuando el Espíritu Santo mora en nosotros, la justicia, la paz y el gozo moran en nosotros (Romanos 14:17). Nuestro ser interior es como un tesoro de cosas buenas (Mateo 12:35). Una de esas cosas buenas la es la alegría. Pero Satanás intentará hacer detener nuestro pozo de alegría.

De hecho, detener los pozos de un enemigo era una estrategia de guerra en los años de antaño, como podemos ver en 2 Reyes 3:19:

Y destruiréis toda cuidad fortificada y toda villa hermosa, y talaréis todo buen árbol, cegaréis todas las fuentes de aguas, y destruiréis con piedras toda tierra fértil.

Las piedras de la preocupación, la depresión y la autocompasión —todas ellas—son la estrategia que usa Satanás para detener su pozo. Cuando su alma está llena de estas piedras, obstaculizan el flujo del Espíritu de Dios dentro de usted. Dios quiere que su pozo ¡no deje de fluir! Él desea que el río de vida en usted fluya libremente.

¡Deje fluir el gozo! ¡Deje fluir la paz!

Al hablar de Isaac, el cumplimiento de la promesa de Dios para Abraham, hallamos registrado en Génesis 26:15 que sus pozos habían dejado de fluir:

> Y todos los pozos que habían abierto los criados de Abra-ham su padre en sus días, los filisteos los habían cegado y llenado de tierra.

La tierra, o el sucio, es otra de las cosas que Satanás usa para hacer detener el flujo de nuestro pozo. El sucio del juicio, el odio, la amargura, el resentimiento o la falta del perdón, el sucio de los celos y la competición, son otros tipos. Todas estas cosas harán detener nuestro pozo, en definitiva, y obstaculizará el flujo de la justicia, la paz y el gozo.

Isaac abrió de nuevo los pozos de su padre. El nombre de Isaac quiere decir "risa"[23]. Él era el niño de la promesa echa por Dios para Abraham y Sara. Ismael nació por obra de ellos dos por haberse cansado de esperar por Dios. El nombre de Ismael significa **Dios escucha** (Génesis 16:11).

En Génesis 16:11 RV, dice que su nombre será **Ismael, porque Jehová ha oído tu aflicción.** Pero Ismael era un hombre de guerra. En Génesis 16:11, 12 (RV) dice de Ismael que: **el ángel de Jehová dijo… será hombre fiero; su mano será contra todos, y la mano de todos contra él…**

Nuestros propios esfuerzos siempre nos traen miserias y frustraciones, pero la promesa de Dios le traerá gozo y risa. Creo que podemos ver "una especie de sombra" de todo esto.

¡La risa ayudará a destapar los pozos!

Tal vez no se ha reído, quiero decir que no se ha reído con gusto, desde hace un tiempo. Usted encontrará que se sentirá mejor después de reír mucho.

Hablando de pozos, siento a veces que la tubería del mío se ha destapado después de reírme con gusto. Si estoy cansada y agotada de lidiar con los asuntos del diario, me siento por dentro como un armario polvoriento, rancia y con necesidad de sentir frescura. Cuando Dios me provee oportunidades de tener un buen rato de risa, me hace sentir refrescada, y me quita el peso de encima.

En Filipenses 4:4, Pablo escribió: **Regocijaos en el Señor siempre. Otra vez dijo: ¡Regocijaos!** En este versículo, se nos dice en dos ocasiones que nos regocijemos.

Cuando el diablo se lance al ataque contra usted, tome represalias con gozo y risa, con cánticos y alabanzas al Señor. El apóstol Santiago escribió: **Hermanos míos, tened por sumo gozo cuando os halléis en diversas pruebas** (Santiago 1:2). Continúa diciendo que el resultado final será bueno.

A pesar de sus problemas, pruebas y tentaciones, asegúrese de beneficiarse al final; así que mire el final y regocíjese ¡ahora!

La risa en las iglesias

Cuando Dios me llamó para que enseñara y predicara su Palabra, no contaba con capacitación ni experiencia alguna en cuanto a "cómo" desarrollar o dar el sermón. Me sorprendió cuánta gente se reía en cantidad mientras ministraba. Nunca ponía nada en mis mensajes con la intención de que parecieran graciosos, tan sólo ocurría.

Más que graciosa y de buen humor, mi personalidad natural era seria y sobria sobre todo en ese momento de mi vida en específico. Esto me ayudó a entender que Dios quiere que la risa se entreteja con el resto de la vida. Necesitamos del lado serio y del humorístico. Hay quienes han dicho que la risa ayuda a manejar la corrección que la Palabra trae a menudo.

Mi ministerio de enseñanza en particular va orientado a ayudar a los creyentes para que crezcan y maduren, y puedan disfrutar de verdad todo lo que Jesús nos dio al morir. Esto requiere de corrección, al dejar morir el ser y afrontar la verdad que suele ser dolorosa.

En Hebreos 4:12 RV, leemos que la Palabra de Dios es más cortante que toda espada de dos filos, y que penetra hasta partir el alma y el espíritu.

Me gustaría decir que la Palabra suele operar en nosotros, cortando los "males espirituales" que nos hieren. La adoración y la alabanza son la anestesia antes de la operación, y la risa durante la operación es una "sustancia de alivio" de más que nos mantiene en el quirófano.

Alguien me dijo: "Esto es maravilloso. Me río mientras el viejo ser muere".

Me resulta interesante que sancionemos el llanto en la iglesia como santo y respuesta de Dios y a la risa se le considere muy ofensiva. Pienso que muestra que necesitamos más conocimiento sobre la naturaleza de Dios. Considero que Jesús se rió mucho más que la mayoría de nosotros.

He visto la risa dispersarse por una congregación hasta casi hacer que todas las personas se rieran gustosamente.

Una noche durante una reunión en Birmingham, Alabama, tuve el deseo de orar por una mujer quien no podía concebir. No podía traer a la gente al altar para ministrarlos, así que pedí que se pusieran de pie en lo que oraba por ellos. Era evidente la unción al momento de ministrar a quienes estaban de pie. Cuando terminé y les dije que tomaran asiento, una mujer se sentó y empezó a soltar una risita.

Mientras yo intentaba proseguir con el servicio, la mujer pasó a reírse a carcajadas. Era notable que se sentía avergonzada y no sabía bien qué cosa hacer. Considero que podemos controlarnos, y pienso que si le hubiera dicho que parara de reírse lo hubiese hecho.

No le dije nada porque me percaté de que no sólo era ella quien reía, sino que se estaban contagiando los demás. Sentí que era el Espíritu Santo, de modo que me detuve a observar. En poco tiempo, casi toda la congregación se reía con ganas, es decir, de manera escandalosa.

Es posible que recuerde que en el capítulo 4 de este libro expresé que la compilación de las definiciones del término gozo me enseñaron que puede ser cualquier cosa desde la tranquilidad placentera hasta el esparcimiento en extremo. Dije que vivimos la mayor parte del tiempo en el estado de tranquilidad placentera, pero los momentos de esparcimiento extremo tiene su valor también. Esta ocasión fue una de esas. Descubrí más tarde que la mujer no era carismática ni pentecostal. No estaba habituada a esos tipos de manifestaciones emocionales en la iglesia. La iglesia a la que asistía era mucho más reservada, pero Dios la usó para anunciar "el gozo rebosante" a la congregación entera.

¡La risa es contagiosa! Prefiero mil veces que las personas obtenga gozo de mí en lugar de tristeza.

Sabemos que cuando estamos alrededor de alguien que pasa por una depresión y negatividad, lo que aquella persona siente nos va a afectar de una manera similar si no resistimos mediante dinamismo. Resulta lo mismo con las personas felices y positivas. Nos hacen sentir mejor, olvidar los problemas por un rato y su alegría es contagiosa.

Nunca olvidaré esa reunión, porque a mediada que intentaba continuar con el servicio, trataba de usar una Escritura del libro de Job para hacer una observación. Cada vez que decía "Job" y daba un capítulo y el versículo, la congregación entera estallaba en risas.

Eran aproximadamente unas 1,200 personas las reunidas en el edificio, y le puedo asegurar que no hay nada de gracioso en el libro de Job, pero pronunciar "Job" hizo el mismo efecto en casi todas esas personas.

Ahora admito que no es la manera usual en la que se conducen nuestros servicios, pero aquella noche en particular, Dios mismo ministraba la gente de una forma que denominarían como una manera no ortodoxa.

Todos se gozaron el servicio. No vi salir a nadie, pero me enteré después de muchas cosas buenas.

Siempre que Dios ha decidido usar la risa para ministrar la congregación con los años, la gente ha hecho comentarios como: "Necesito de eso desesperadamente, pues no me he reído así hace años", "No sé cómo decirte cuánto mejor me siento" o "Siento como si me hubiesen quitado un gran peso de encima".

Hay quienes me han dicho meses más tarde: "No he sido el mismo desde que fui a ese servicio". Por supuesto, las personas dicen eso sobre los servicios en los que no hay risa; así que no digo que es implícito que la risa sea la única cosa que Dios usa para llevar progreso espiritual a su gente, pero no se debe excluir tampoco.

Según Eclesiastés 3:4, hay un tiempo para reír, así que no le tema a reír, aun en la iglesia.

Un festín de gozo continuo

Todos los días del afligido son difíciles; Mas el del corazón contento tiene un banquete continuo.

Proverbios 15:15

Una noche, me puse a jugar con algunos de los miembros de mi familia. Durante todo el día, me la había pasado con un gran dolor de cabeza. Mi hijo mayor, quien fue un regalo de humor entonces, comenzó a hacer payasadas y reí. Me reí con tanta fuerza que las lágrimas me bajaban por las mejillas, los costados me dolían y estaba por caerme de la silla y dar a parar al suelo. Lo que había dicho no era tan gracioso. Era divertido, pero no lo suficientemente gracioso como para que reaccionara tan fuerte. Tal pareció que una vez di comienzo a la risa, no pude detenerme. Cuando al fin terminé, me di cuenta que mi dolor de cabeza desapareció por completo.

Los niños se ríen fácil y libremente. De hecho, cuando se observa a los niños jugar, parece que se ríen continuamente y prácticamente de nada.

Estoy segura de que necesitan crecer, y lo harán con el paso de los años, pero nosotros los adultos necesitamos un poco de lo que ellos tienen y manifiestan libremente. La risa para el creyente promedio se basa en las circunstancias normalmente. Se ríe sólo porque algo gracioso o verdaderamente bueno le ocurre.

Como cristianos que somos, tenemos un privilegio mayor; nosotros podemos reír aun cuando las cosas no nos van del todo bien como quisiéramos. La razón por la cual podemos reír y gozar a pesar de las situaciones presentes es porque Jesús es alegría. En Juan, capítulo 15, Él nos enseña acerca de atenernos a Él. Aprender a "atenerse" nos lleva hacia un lugar de reposo. Le permite a Él hacer lo que tiene que hacerse. Sólo una rama en un árbol se atiene al tronco o a una vid, así que debemos atenernos a Cristo.

Las ramas dan fruto, pero es debido a que permanecen vitalmente unidas a la fuente de vida. Deseamos dar fruto, y la Palabra de Dios nos promete que lo haremos si nos atenemos a Él (v. 5).

Luego en Juan 15:11, Jesús dijo: **Estas cosas os he hablado, para que mi gozo esté en vosotros, y vuestro gozo sea cumplido.** Mientras nos atenemos a Dios, deberíamos tener abundante gozo en nuestra vida. Creo que cuando el gozo sobreabunda, veremos la risa definitivamente.

El equilibrio adecuado

Debería haber un equilibrio entre la sobriedad y la risa. La Biblia nos enseña ambas cosas. 1 Pedro 5:8 nos dice que **seamos sobrios de mente,** pero no dice que lo seamos de rostro. Mateo 5:14 dice que somos **la luz del mundo.** Usted dirá que una sonrisa es como un interruptor que enciende la lámpara. No hay mucha oportunidad para reír si no comenzamos con una sonrisa.

Si fruncimos el ceño, y tenemos las comisuras de los labios hacia abajo, eso haría que empezásemos a decaer emocionalmente.

Puedo estar normal y sonreír. No tengo la necesidad de que algo en particular me haga sonreír. Simplemente me hace sentir más feliz sonreírme ocasionalmente aun cuando estoy sola. Debo añadir que, por naturaleza, siempre he sido una persona con mucha sobriedad al pensar y reflejo mucha seriedad en el rostro. Y si aprendí a sonreír, cualquiera con voluntad lo puede hacer.

Se usan más músculos faciales para fruncir el ceño que para sonreír. Es posible que algunos tengamos músculos más débiles por la falta de uso, pero se pondrán en forma en poco tiempo.

Adelante, hágalo. Compórtese como un niño. Frunza el ceño y experimente como se siente; luego sonría, y experimente como se siente.

Existen dos buenas razones para sonreír. Primero, le ayuda a verse y sentirse mejor. Después, ayuda a quienes estén a su alrededor.

Una de las maneras en las que le mostramos al mundo el gozo que proviene de atenernos a Jesús es que nos veamos contentos. Cuando la paz y el gozo del Señor son parte normal de nuestro semblante, éste les expresa un mensaje silencioso a las personas con las que nos relacionamos.

Si usted y yo anduviésemos con el ceño fruncido, nadie creería que servimos al Señor.

Podría ser que tengamos una calcomanía en el parachoques que diga que somos cristianos, pero no existe ninguna otra prueba evidente. Necesitamos vernos agradables. No podemos estar siempre soltando risitas, pero tampoco deberíamos vernos amargados.

"Señor, enséñame a reír"

Ore y crea que Dios le enseñará a reír más, que le recuerde sonreír. Comience por sonreírle a la gente y observe como le responden, sobre todo, la gente que se ve muy molesta o poco contenta.

Intente brindarle una sonrisa gentil y simpática, y es posible que le sirva de ayuda a éstas.

Tuve que ejercitar mi fe en esta área por un tiempo, sólo porque era más seria. Había tolerado muchas situaciones dolorosas en mi vida, y, como resultado, había adquirido malas costumbres que afectaron mi semblante.

Ore no tan sólo para que Dios le enseñe a reír más, sino también para que Él le brinde más cosa por las cuales reír.

¿No se ha reído usted lo suficiente? Oí decir que necesitamos reírnos unas quince veces al día, tres de las cuales deben ser hacer que la barriga se estremezca para ser óptimas. Puedo asegurarle que yo no me reía lo suficiente, pero estoy aprendiendo.

Recuerde, un corazón alegre **constituye** buen remedio (Proverbios 17:22).

Tome su medicina, ¡ríase un poco más!

10

LA DIVERSIDAD Y LA CREATIVIDAD

10

LA DIVERSIDAD Y LA CREATIVIDAD

Y ellos, saliendo, predicaron en todas partes, ayundándoles el Señor y confirmando la palabra con las señales que la seguían.

Marcos 16:20

Espero que para cuando usted haya llegado a este punto del libro, ya esté comenzando a disfrutar más de la vida. Considero que con lo que enseñe ahora, podemos creerle a Dios por las maravillas obradas en esta área.

Según Marcos, los apóstoles fueron a todas partes a predicar la Palabra, y Dios le confirmó al mundo con "señales y milagros" (*señales y prodigios*, Hechos 5:12).

Siempre he creído que esas señales y prodigios era sanaciones milagrosas hasta que Dios comenzó a mostrarme a creer no sólo en las sanaciones milagrosas para confirmar la Palabra predicada, sino también creer en y esperar milagros y frutos de fe de forma abundante en cualquier área que yo ministraba. De modo que creo que todo el que lea este libro entrará en un nuevo nivel de gozo y disfrute.

Existen muchas razones por las cuales la gente no disfruta su vida; y no importa cuán extenso sea este libro, nunca podré cubrirlas todas. Pero sí quiero asegurarme que incluyo la enseñanza de un tema de vital importancia en diversidad y creatividad al mantener la "sazón de la vida" que ayuda a tener el fluir del gozo.

Mucho acerca de la misma cosa podría robar el gozo.

¡A Dios le gusta la variedad!

He aquí yo que yo hago cosa nueva; pronto saldrá la luz;
¿no la conoceréis? Otra vez abriré camino en el desierto
, y ríos en la soledad.

Isaías 43:19

¿Se llega a aburrir al extremo de cansarse de hacer lo mismo todo el tiempo? ¿Quiere hacer algo diferente, pero no sabe qué o teme hacer lo nuevo que pensaba hacer? La razón podría ser porque usted fue creado para la variedad.

Creo que Dios puso la creatividad en todos nosotros. Definitivamente, Dios es creativo y creen en la variedad. Piense en toda la variedad de aves, flores, árboles, hierbas, entre otras cosas que Él creó.

La gente nace con una infinita variedad de tamaños, siluetas, color de tez, y con diferentes personalidades.

Todas las huellas digitales son diferentes. No existe otro ser en el mundo con sus mismas huellas. La variedad de países este mundo y la diversidad de costumbres y formas de vestir son increíbles.

Los alimentos y su preparación varían considerablemente de país en país. La comida italiana es diferente a la china o mexicana. En Estados Unidos, hallamos que la comida del sur es diferente a la del norte.

¡A Dios le gusta la variedad!

¡Diamantes en bruto!

Todo lo hizo hermoso en su tiempo...

Eclesiastés 3:11

Dave y yo estábamos en el Instituto Smithsonian hace un par de años, y uno de mis edificios favoritos es el de todos los tipos de aves del mundo. La mayoría de los especímenes estaban rellenados, pero caminé por allí y me maravillé con todos los colores, la belleza, la magnificencia del despliegue de creatividad y diversidad mostrada en tan sólo una parte del reino animal. Además, visitamos el área de las gemas y las piedras. Y una vez más, la variedad de gemas era muy inspirador: diamantes, rubíes, esmeraldas, zafiros, amatistas, perlas, y otras más.

La belleza del interior de ciertas rocas era asombrosa. Son macizas y de aspecto áspero por fuera, pero tienen una belleza única por dentro que no se encuentra en ningún otro lugar. Me acuerdan a las personas.

Nosotros somos así, ásperos por los extremos y duros por fuera, poco deseables. No obstante, por dentro, hay un corazón que anhela a Dios y desea mucho estar en su voluntad y así agradarle.

¡Somos diamantes en bruto!

La diversidad y la imaginación

Jehová Dios formó, pues, de la tierra toda bestia del campo, Y toda ave de los cielos, y las trajo a Adán para que viese Cómo las había de llamar; y todo lo que Adán llamó A los animales vivientes, ese es su nombre.

Y puso Adán nombre a toda bestia y ave De los cielos y a todo ganado del campo...

Génesis 2:19, 20

No puedo imaginarme qué clase de trabajo debió haber sido para Adán nombrar a toda ave y animal. De seguro, tuvo que haber sido creativo también.

Puedo continuar enumerando cuánta diversidad y creatividad había en la Creación de Dios, pero estoy segura que si usted lo piensa un poco, estaría totalmente de acuerdo conmigo en que Dios es un Dios formidable.

Simplemente de un paseo y mire a su alrededor. Si le sirve de ayuda, deje el libro por un momento y hágalo ahora. Alquile vídeos de la naturaleza y vea unos cuantos. Descubra qué es el océano o cómo las abejas y las flores trabajan en conjunto. Luego, dese cuenta de que el mismo Espíritu Santo presente en la Creación mora en su interior si de verdad ha aceptado a Jesucristo como su Señor y Salvador:

> Pedro les dijo: Arrepentíos, y bautícese cada uno de vosotros en el nombre de Jesucristo para perdón de los pecados; y recibiréis el don del Espíritu Santo.
>
> Hechos 2:38

Existe mucha creatividad dentro de cada uno de nosotros que necesitamos explotar sin temor.

Pienso que nos estancamos a menudo. Hacemos la misma cosa todo el tiempo, aun si estamos aburridos de hacerla, por temor a salir de la rutina y hacer algo nuevo. Preferimos mejor estar aburridos y seguros que emocionados y vivir la vida con intensidad. Existe cierta cantidad de comodidad en la monotonía. Puede ser que no nos guste, pero estamos familiarizados con eso.

Hay quienes permanecen en un empleo o profesión durante toda su vida porque lo que hacen resulta seguro. Es posible que odien su trabajo y se sientan insatisfechos por completo, pero lo difícil de hacer cualquier otra cosa atemoriza y va más allá de las palabras. O tal vez sí piensan y sueñan con el cambio, pero le temen al fracaso, y no harán nada por ver realidad sus sueños.

No recomiendo que salten de un lugar a otro por capricho, pero, definitivamente, hay un tiempo para salir de lo ordinario —la zona de comodidad— e ir hacia algo nuevo.

Dios nos creó para que necesitásemos y deseásemos diversidad y variedad. Fuimos creados para requerir de frescura y novedad en la vida. No hay nada malo con nosotros si nos sentimos a veces que necesitamos un cambio. Por otro lado, si nunca podemos estar satisfechos por mucho tiempo, no importa lo que hagamos, entonces tenemos el problema a la inversa.

La palabra de Dios nos enseña que estemos contentos y satisfechos (Hebreos 13:5; 1 Timoteo 6:6). Una vez más, encontramos que *el equilibrio* es la clave.

Manténgase en buen equilibrio

Sed sobrios, y velad; porque vuestro adversario el diablo, como león rugiente, anda alrededor buscando a quien devorar.

1 Pedro 5:8

En definitiva, las personas pueden perder equilibrio si hacen demasiado una cosa o la otra; y cuando sucede eso, se le abre una puerta al diablo tal como lo vemos en este versículo.

Aun hasta el no tener balance en los hábitos alimenticios le abre la puerta a la pobreza en salud. La Palabra de Dios nos enseña a que hagamos todo con moderación (1 Corintios 9:25). Hemos escuchado toda la vida, desde la niñez, que precisamos de una dieta equilibrada: mucha proteína de las buenas, una variedad de frutas, vegetales, semillas, granos y nueces, y mucha agua. Poco a poco, habrá un precio que pagar si no obedecemos las leyes naturales. En la actualidad, podemos tomar vitaminas y otros suplementos de nutrientes para ayudar a compensar la falta de algunos nutrientes en nuestra dieta, pero el equilibrio es vital.

Nuestro hijo menor no gusta de comer vegetales. Suele comer judías verdes enlatadas si lo obligamos, pero eso es todo. Le digo siempre: "Daniel, necesitas comer vegetales. Estás dejando de comer un grupo de alimentos por entero que posee nutrientes que necesitas. Dios no los hubiese hecho si no los necesitáramos". Hasta ahora, no se ha interesado en comerlos; así que le doy vitaminas, y creo que sus hábitos alimentarios mejorarán conforme crezca.

Es asombroso saber la cantidad de personas que no toma ni le gusta tomar agua, lo cual es importante hacer para gozar de una salud buena y duradera. A menudo, tal cosa como el que nos guste o no nos guste algo pone en evidencia cierta "mentalidad". Es algo que nos ponen en la cabeza, y hasta que no cambiemos de parecer, la situación no mejorará.

Una de mis buenas amistades creció en una familia que tenía por costumbre sentarse a la mesa a cenar y, al estar reunida la familia, se ponían a discutir. De este modo, creció y empezó a odiar las cenas en familia. Solía comer mucha comida chatarra durante su postadolescencia y los primeros años de adultez. Lo hacía en parte porque no quería planear la alimentación adecuada. Ella no disfrutaba de planear la preparación de la comida; así que le daba hambre y agarraba lo que fuera y que se hiciera rápido. Según crecía, comenzó a darse cuenta que probablemente necesitaría cambiar los hábitos alimentarios, pero se sentía que no podía tomarse la molestia de planear con anticipación la comida. Después, se enfermó por un tiempo de una forma bastante grave como para que se asustara y *determinara* que tenía que hacer algo con respecto a la dieta. En verdad, yo estaba asombrada de cuán rápido cambió una vez tomó una decisión de calidad.

Este mismo principio funciona con todo. Quienes piensan que no pueden ejercitarse, hallan que sí pueden si deciden ejercitarse y mantenerse en ello. Quienes han tenido un problema de toda la vida con ciertos asuntos en mente, a través de la enseñanza de la Palabra de Dios, saben que mucho del problema está ligado a la forma equivocada de pensar.

Podemos vivir vidas equilibradas. Sin equilibrio, las cosas quedan desiguales. Hay demasiado de una cosa y poca de la otra. La enfermedad física, los problemas en las relaciones y la pérdida de gozo, de hecho, pueden ser el resultado de vivir fuera de equilibrio.

El sacar algo bueno fuera de su equilibrio lo convierte en algo malo. Una amistad mía oyó que la vitamina E era buena y la tomó por puñados. Se enfermó porque le estaba aguando la sangre excesivamente.

La carne se va a los extremos totalmente, y si no se tiene control, nos llevará a tener grandes problemas. A la carne no se le puede permitir tener o hacer todo lo que quiera.

La variedad y diversidad es parte del equilibrio

Cuando encuentro un restaurante que me gusta, uno que tenga cierto plato que disfruto de verdad, me siento tentada a comer allí hasta cansarme y no desear ir nunca más. Si me disciplinara de cierta variedad, podría disfrutar del restaurante infinidad de veces.

La variedad mantiene bastante fresca las cosas que más disfrutamos en la vida como para disfrutarlas permanentemente. La monotonía anuncia el anquilosamiento, y las cosas que una vez disfrutamos totalmente la falta de variedad nos las roba. Hallo que si paso mucho tiempo con la gente, disfruto y me gozo de verdad. Y si no paso mucho tiempo con otras personas, surge un estancamiento en las relaciones poco a poco.

Dave y yo nos amamos de verdad y tenemos una gran relación. Nos sentimos cómodos el uno con el otro, y eso es algo bueno porque pasamos mucho tiempo juntos. Trabajamos juntos al igual que vivimos juntos; así es que pasamos más tiempo juntos que el promedio de las parejas casadas. Hay veces que necesitamos distanciarnos tanto como disfrutamos de estar juntos. Él necesita ir a jugar golf con sus amistades, y yo necesito ir de compras con una de las cuatro hijas o una amiga.

¡Necesitamos diversidad! Mantiene fresco lo ordinario.

Eso podría sonar como un ejemplo único, pero una de las primeras cosas que Dios empezó a tratar conmigo hace años con relación a este tema del aburrimiento y la monotonía fue con mis pantimedias. Vea usted, yo usaba las de color "suntan" toda mi vida. Nunca usé otro color, sino únicamente el mismo color y marca.

Solía ver a otras mujeres usarlas en negro, azul marino, crema y hasta rosa claro, y me gustaban, pero siempre las compraba color "suntan". Dios me mostró que de este sencillo ejemplo que me apegaba a lo que era seguro, aunque muy dentro de mí quería en realidad aventurar y usar algo diferente de vez en cuando.

El color "suntan" probablemente combinaba con casi toda mi ropa más que cualquier otro color. Y es posible que continúe usándolo la mayor parte del tiempo, pero un poco de variedad en ocasiones le agregaría una pizca de sazón a mi vida y evitaría que me aburriera con mi manera de vestir.

Estoy convencida que aun si no nos gustase una cosa tanto como la otra, sigue siendo bueno que las incorporemos todas, sólo por la variedad. Es un hecho médico muy sabido que muchas personas que son alérgicas a ciertos alimentos son alérgicas a lo que más les gusta comer. Parte de su cura es que roten su dieta.

Una amiga mía está lidiando con este problema ahora mismo. A ella se le notificó que no comiera más de lo mismo con frecuencia, sino cada cuatro días. Para liberar su cuerpo de los alergenos, le enseñaron a que se alejara por completo de lo que le causaba la alergia por unos veintiún días. Después de tres semanas, podía comenzar a incluirlo en su dieta. Pero le advirtieron que no podía comer el alimento con tanta frecuencia, en última instancia, una vez cada cuatro días, dependiendo de cuán alérgica era a ese alimento en particular.

Me resulta interesante ver que Dios ha hecho que nuestro cuerpo exija variedad. Si no le damos la variedad que necesita o pide, entonces el cuerpo se rebela. En esencia, dicen: "No aguanto más esto. Me estás dando demasiado de eso; por lo tanto, me voy a enfermar o tener una especie de reacción negativa todas las veces que me alimentes con eso".

La enfermedad, el dolor y otras reacciones físicas adversas son las formas en que el cuerpo dice: "Algo no anda bien". Muchas veces, lo que está mal es simplemente que no tenemos equilibrio.

El desequilibrio y el aburrimiento causan problemas

Tal vez usted no está descansando o riendo lo suficiente. O quizás está trabajando demasiado arduo. El tener demasiado estrés, pasar disgustos con frecuencia y la falta de variedad en la vida son todos factores que pueden afectarle la salud de una manera adversa

Dios trató conmigo sobre mis pantimedias y hábitos alimentarios tanto como con muchas otras cosas, pero el principio se puede aplicar a todo. Una vez aprenda el principio del equilibrio, la moderación, la variedad y la diversidad, puede aplicarlo a las relaciones, el entretenimiento y muchas otras cosas más. Cuando estamos de regreso a la casa de nuestros ministerios, me encanta pasármela en casa, mi hogar. Prefiero comer en casa cuando es posible, y ver películas buenas, aptas para la familia por la videocasetera o la televisión si hay alguna. Me gusta sentarme o caminar con una taza de té o café, y mirar por la ventana hacia fuera. Simplemente me gusta estar en mi hogar.

Sin embargo, me he fijado que después de tres días como máximo, empiezo a aburrirme con lo que me encantaba hace tres días. No hay nada malo conmigo. Es sólo que la naturaleza que Dios me dio me deja saber que es hora para hacer algo diferente.

Creo que Dios hizo esas señales de aviso en nosotros, y si le prestamos atención, nos mantendríamos alejados de problemas serios. Nuestra parte emocional necesita cambios. El que nos neguemos tener variedad considerada como necesaria por temor, u otra razón, resulta peligroso. Si hacemos eso, estamos dirigidos a tener gran pérdida de gozo.

El fino arte del equilibrio es algo delicado, y cada uno de nosotros debe escuchar al Espíritu Santo y a nuestro propio corazón. Todos tenemos necesidades individuales. Hallo fascinante cómo una persona necesita de algo que, en realidad, la otra no necesita para nada.

He tenido el mismo estilo de peinado por años y años, y es posible que nunca lo cambie. Pero no me gusta usar las mismas pijamas por más de dos noches; así es que tengo varios pares, y cambio para evitar aburrirme con la ropa de dormir.

Por otro lado, mi hija, Laura, se cambia el estilo de peinado cerca de dos veces por año. Ella trata todo tipo de cosas nuevas, aunque muchas no le gustan, pero le gusta el cambio en su cabello. Sin embargo, a ella no le importa en lo mínimo qué ponerse para dormir.

Por alguna razón, no podemos mirar a los estilos y decisiones de las demás personas para que nos digan qué hacer. Un individuo posiblemente esté muy satisfecho, comiendo lo mismo para desayunar todos los días, mientras que otro tal vez quiera cereal caliente un día y huevos el otro; cereal con bananas; frutas al día siguiente; rosquillas con queso crema el próximo y sucesivamente.

Recuerde que la variedad significa eso, y usted es libre de escoge tener variedad dentro de la variedad. Es decir, usted es libre de ser *usted* mismo. No tiene que seguir el plan de nadie más.

¡Tenga cuidado con el aburrimiento y la pereza!

Cazadnos las zorras, las zorras pequeñas, que echan a perder las viñas...

Cantares 2:15

Considero que muchas personas están sin equilibrio, y ni lo saben. No son felices; han perdido el gozo, pero nunca se lo atribuirían a nada tan sencillo como la necesidad de diversidad y creatividad en su vida.

Le echamos la culpa a muchas cosas porque no somos felices; y la mayor parte de las veces es tan sólo eso: *culpa*. Cuando no estamos contentos, queremos arremeterle a alguien a veces. La verdad nos hará libres (Juan 8:32). En ocasiones, simplemente necesitamos regresar a ciertas cosas que Dios nos ha dicho mediante la guía del Espíritu Santo al que ignoramos tanto, porque pensábamos que era tan poca cosa que no era capaz de hacer ninguna diferencia. Recuerde que la Biblia dice que son las zorras *pequeñas* las que echan a perder las viñas.

A menudo, buscamos monstruos gigantescos en la vida cuando la respuesta es simple, y está ante nosotros, si tan sólo abriésemos los ojos y observáramos en derredor.

Necesitamos arrepentirnos de la falta de equilibrio en nuestra vida. No me refiero necesariamente a que tenemos que bajar y deleitarnos en autocompasión y darnos golpes de pecho, pero sí me refiero a que tenemos que girar hacia otra dirección. Debemos lamentar la mala manera en que vivimos y determinar cambiar.

A veces, estamos tentados a realizar lo que resulta fácil en vez de lo que, en el fondo, queremos hacer.

Por ejemplo, puede que desee reunir a algunas amistades en la casa, prepare la comida y comparta o juegue algún juego de mesa. Ese es el deseo que surge en su corazón, pero entonces su carne empieza a pensar en todo lo que usted tiene que hacer para prepararse para esa actividad.

Tendría que ponerse a llamar a las personas, ir al mercado, cocinar, recoger la casa, buscar los juegos, servirle a los invitados y después limpiar el reguero luego de que se vayan. De sólo pensarlo se dice: "¡Ay, olvídalo! Creo que mejor me siento a ver televisión".

Entonces, usted se aburre y tal vez se sienta solo por una noche y siga con el mismo patrón: sin gozo y sin saber qué anda mal en usted. Y tal vez piense: "Mi vida es aburrida, Está estancada. No soporto vivir más de esta forma".

Es ahí a donde llegan muchos y confrontan problemas en las relaciones, debido a que —a ese nivel— le echan la culpa de su insatisfacción a la otra persona en la relación, y esperan que la otra persona les proporcione su gozo.

Las personas pueden dar cierta cantidad de alegría, pero no pueden proveer nuestro gozo.

El gozo es producto del Espíritu y la vida guiada por el Espíritu. Si el Espíritu lo lleva a la diversidad y usted permanece en la monotonía, el ocio o cualquier otro motivo carnal, usted afectará su nivel de gozo.

La televisión se devoró a mi amiga

No tengo nada en contra de ver la televisión si lo que se ve no es impío y ni contiene excesos. Pero sí creo que la televisión es un gran problema para muchas personas.

Es muy fácil sentarse frente a la televisión y dejar que lo entretenga. Usted no tiene nada más que hacer que sentarse ahí. No obstante, tal vez lo que usted necesite es otra cosa que no sea sentarse ahí. Quizás no esté contento porque necesita pararse y ejercitar ciertos dones creativos suyos.

Si no usamos las habilidades que Dios nos dio, éstas comienzan a dormirse cada vez más, y sentimos que algo nos falta, pero puede ser que nos engañemos en cuanto a lo que ese "algo" sea.

Me gustaría compartir una historia con usted que oí con el título de "La televisión se devoró a mi amiga". Una niñita tenía a una amiguita compañera de juegos y ambas disfrutaban de ir al columpio. Tenían una competencia de cuál se balanceaba más alto. En realidad, pasaban mucho tiempo juntas, casi todo el día, todos los días. Bueno, la familia de una de las niñas compró una televisión cuando recién salieron al mercado, y la madre la llamó diciendo: "¡Ven a ver lo que compramos!". Entonces, la otra niñita no volvió a ver la otra nunca más después de eso. Cada vez que la llamaba para jugar, la amiguita respondía que estaba ocupada.

Ella se la pasaba viendo programas como "Howdy Doody", "Captain Kangaroo", "Mickey Mouse Club" y otras cosas.

Siempre estaba por terminar de ver uno o por comenzar a ver otro, y, por esa razón, no podía jugar. La otra niñita extrañaba de verdad a su amiguita. Habían gozado mutuamente y disfrutado jugar mutuamente. A la niñita que no tenía televisión no le gustaba el aparato, porque decía que la televisión se había "devorado" a su amiga.

Sí, la televisión se "devora" a la gente si se le deja salir de proporciones. Se "devora" las relaciones. Se convierte rápidamente en la niñera, y podría servir para que los padres se den una escapada fácil, todo porque no quieren pasar tiempo necesario con sus hijos.

Casi todo el mundo hoy día está muy ocupado como para realizar todo lo que debe que hacer, y se pasan mucho más tiempo realizando tareas que no marcan ninguna diferencia duradera o eternal La televisión en sí puede ser una bendición. Resulta relajante sentarse en la noche después de haber trabajado arduo todo el día y adentrarse en una historia interesante, pero aun eso que entretiene puede tornarse en una maldición si le permite que lo domine o salga de proporción.

¡Inténtelo, puede ser que le guste!

Yo conozco tus obras; he aquí, he puesto delante de ti una puerta abierta, la cual nadie puede cerrar...
Apocalipsis 3:8

Tal vez Dios le ha hablado de acerca de algunos cambios en su vida y usted los desea, pero tiene temor. Quiero alentarlo a que no tema realizar el cambio. Aun si cometiera un error, no sería el fin del mundo. No se pase la vida entera pensando en el ayer y deseando haber tratado diferentes cosas o haberlas hecho diferentes. Preguntarse qué pudo haber pasado resulta ser algo desolador. Puedo asegurarle que no podrá disfrutar nada de lo que trate. Pero, al menos, tendrá la experiencia personal de conocer.

No tendrá que vivir toda la vida escuchando lo que los demás hacen ni preguntarse cómo serían.

No será capaz de hacerlo todo, pero salga en el tiempo de Dios para realizar lo que siente que le manda a hacer. Vaya a las puertas que Él le abra.

Es posible que usted tenga que dar unos pasitos hacia otra dirección y ver si alguna puerta que se cerró anteriormente se abrirá según usted haga un acercamiento. Por ejemplo, Dios me dio una lección, al usar una puerta automática que se abre tan pronto uno le pisa la pequeña alfombra de goma. Él me dijo algo así: "Joyce, puedes sentarte en tu auto para ir al mercado todo el día, y esa puerta nunca se te abrirá. Podrás observar a otras personas entrar y salir todo el día, y no dejarte entrar. Pero si sales de tu cómodo asiento, conforme vayas acercándote, hallarás que se abre para ti también".

Tal vez usted tenga un poco de dirección de parte de Dios, pero no ve la imagen completa. Dios nos guía paso a paso. Él nunca le mostrará el segundo paso hasta tanto no tome el primero. Dios es progresivo, y he encontrado que mi fe lo es también. Tal vez tenga un poco de fe, y por eso Dios me muestra algo que hacer. Luego, según voy depositando mi poca fe, Él me muestra el siguiente paso y, para ese entonces, mi fe ha crecido y está apta para manejar las cosas.

Quizás necesite algo simple como tomar una ruta diferente de su trabajo a la casa o a la inversa.

Es posible que piense: "Bueno, ¿y si me pierdo?"

Mi respuesta sería: "Bueno, ¿y si pasa un buen rato?" Uno de mis lugares preferidos para comer es un restaurante oriental que una amiga y yo encontramos un día y que determinamos buscarlo. Había oído cuán bueno era, pero no había podido obtener información exacta sobre donde quedaba ubicado.

Teníamos una leve idea de la dirección, y como ninguna de las dos somos muy buenas con las direcciones, el salir a buscarlo sin saber con exactitud la ubicación nos hizo desconfiar un poco de si era buena idea ir a intentar. Lo habíamos hablado en varias ocasiones, y cada vez desistíamos.

Sin embargo, este día en particular, nos sentimos algo de aventureras y decidimos correr el riesgo de perdernos por tal de dar con el lugar. Como decidimos salir, dimos con él. Como resultado de nuestra voluntad de salir e intentarlo, hemos disfrutado haber comido allí por años, y he dirigido a mucho otros allí también.

No estoy aconsejando que hagan tonterías, sino que lo insto a que encuentre el equilibrio entre vivir con temor y vivir con sabiduría. Hubiera sido poco sabio de mi parte el haberme ido sola a buscar el restaurante en la oscuridad de la noche y sin un teléfono en el auto. Básicamente, nuestro único peligro era perdernos y tener que preguntarle a alguien cómo regresar a casa. Le insto a que introduzca en su vida la diversidad y creatividad lo más que pueda. Aun cuando haga las mismas tareas con regularidad, trate de realizarlas de una forma diferente, sobre todo, si se siente estancado, al intentar de entrarlas.

No tiene que esperar hasta que se halle profundamente deprimido para reconocer que tiene problemas.

¡No se endurezca ni enmohezca!

Este nuestro pan lo tomamos caliente de nuestras casas para el camino el día que salimos para venir a vosotros; y helo aquí ahora ya seco y mohoso.

Josué 9:12 RV

Si tuviese una hogaza de pan sobre la mesa y, después de la cena, nos sentamos, hablamos un rato y tomamos café, puedo extenderme a tocar el pan descubierto y descifrar si comienza a endurecerse alrededor de los bordes. Es posible que no esté duro todavía, pero si no lo cubro y guardo adecuadamente, pronto se endurecerá y echará a perder.

El mismo principio se aplica a nuestra vida. Si no somos cuidadosos, el enemigo nos engañará y dejaremos que nuestra vida se torne seca y dura.

¡Resista al diablo en su comienzo!

Nuestra hija Sandra viaja con nosotros y es quien encabeza el ministerio de ayudas en nuestras conferencias. Cuando estamos en casa, ella me ayuda en la casa. Antes de que comenzara a viajar, nos sirvió como ama de llaves de tiempo completo, además de gestionar los centros de cuido maternal para las reuniones locales que llevábamos a cabo una vez a la semana en St. Louis, Missouri.

Se pasaba mucho tiempo limpiando la casa y lavando la ropa. Quien limpie la casa todos los días puede llegarse a cansar de ello. Podría considerarse como uno de los trabajos más duros por el cual sentir emoción alguna, porque se limpia por un lado y alguien ensucia por el otro y sigue así sucesivamente. Esto resulta muy cierto cuando hay niños pequeños o adolescentes.

Me percaté una vez que Sandra hacía labores los lunes que normalmente hacía durante la semana, así que le pregunté: "¿Qué haces?".

"Tengo que combinar este programa de alguna forma, de manera que pueda resultarme poco rutinario", me respondió.

Puede ver que, a veces, sí ayuda que haga un cambio en su día de lavado de ropa, o para divertirse, se ponga a ver una película o escuchar música mientras plancha. Trate de ir al mercado otro día del usual o, mejor aún, vaya a uno diferente. Esos cambios sencillos pueden añadirle bastante variedad para evitar que las cosas se tornen muy enmohecidas.

Mi secretaria era una perfeccionista, quien nos se ha liberado de su comportamiento compulsivo. Anteriormente, nunca salía de su hogar sin antes recoger la cama. Comenzó a ver la necesidad de tener cierta diversidad en su vida, y me dijo: "Te vas a reír cuando te diga esto". Continuó para decirme que tan sólo por divertirse un poco, dejó la cama sin recoger a propósito esa mañana. Me contó que se disfrutó haber salido y dejado la cama en desorden. Esa era una señal de libertad para ella.

"Lo haré sólo por esta semana", indicó, "pero de verdad que se siente bien salir del molde de la rutina".

Cuando dijo eso, se me ocurrió que *si nos quedamos en el mismo molde por mucho tiempo, ¡nos tornamos mohosos!* Nuestro hijo menor, quien tiene once años y no es muy dado a recoger su cama o limpiar su habitación, escuchó la historia de esta señora. Al día siguiente, me dijo: "Bueno, hoy voy a variar un poco. No voy a recoger mi cama".

¡Por supuesto que trataba de hacerse el gracioso! Probablemente pensó que tenía "agotamiento por recoger la cama", pero yo quería que fuese lo contrario.

Hay quienes dicen: "Tengo que tener una rutina" o "Soy una criatura de hábitos". La rutina es buena, e igualmente lo son algunos hábitos, siempre y cuando no lo lleven hacia el endurecimiento y enmohecimiento.

Usted está en toda la libertad de ser rutinario y estar habituado a ciertas cosas, siempre y cuando tenga gozo en ser así. Como creyente, usted tiene la libertad de tener **gozo inefable y glorioso** (1 Pedro 1:8). Así que ¡adelante! ¡Haga el intento de ver cuánto puede disfrutar de su vida.

La creatividad y diversidad en la vida espiritual

El viento sopla de donde quiere, y oyes su sonido, mas ni sabes de dónde viene, ni a dónde va; así es todo aquel nacido del Espíritu.

Juan 3:8

He encontrado que cuando sigo la dirección del Espíritu Santo en oración y comunión con Dios, se produce diversidad y creatividad, lo cual resulta en refrigerio y vitalidad. Cuando hago mis propios planes, implican reglas y leyes que considero me mantendrán encaminada, pero terminan por ser muy duras y aburridas luego de un tiempo.

Por ejemplo, puedo hacer una lista de oraciones y luego orar por esas cosas todos los días o bien puedo dejar que el Espíritu Santo me guíe como le plazca. No estoy diciendo que hacer una lista de cosas por las cuales orar sea algo incorrecto, sino que estoy previniendo de no ser muy dado a dejarse guiar por la lista y dejar a un lado al Espíritu Santo.

Es posible que el Espíritu Santo me dirija a orar más un día y leer menos la Biblia. El siguiente día puede que sea lo contrario. Ciertos días adoro y alabo más, mientras que en otros puede que mis oraciones sean más peticiones personales. Y en otros días, mis oraciones pueden ser casi todas intercesiones para los demás.

Algunos días, simplemente me siento en la presencia de Dios; mientras que, en otras ocasiones, lloro por —aparentemente— ninguna razón. Pueda que me ría, por puro gozo de conocerlo a Él. A veces, me postro sobre el suelo como acto de adoración. Puedo asegurarle que el Espíritu Santo es creativo. Él nunca nos llevará al aburrimiento en ninguna área si estamos dispuestos a seguirlo. No obstante, tuve que aprender que, a menudo, nos sentimos más cómodos con las reglas que con la libertad.

Le tememos a la libertad en muchas ocasiones.

Cuando elegimos libremente, según la guía que da el Espíritu Santo de forma individual, debemos ser responsables de esas elecciones; en tanto que cuando hacemos lo que otro o "la regla" dice que hagamos o debiéramos hacer, seremos luego menos dados a ser juzgados o criticados.

Hay ciertas pautas para muchas cosas en la Palabra de Dios, y son las mismas para todos, pero no hay un grupo completo de pautas para las cosas que se deben hacer para la devoción personal, los estudios bíblicos y el tiempo de la comunión personal con el Señor.

Muchos de nosotros tenemos una seria dificultad en esta área que nos impide progresar. Se supone que disfrutemos de Dios por sobre todas las cosas, y que no nos sintamos endurecidos ni aburridos cuando nutrimos nuestra vida espiritual.

El ministerio puede ser una experiencia creativa si se lo permitimos. El Espíritu Santo nos guiará a testimoniar, dar exhortar, orar, y literalmente en cada aspecto de nuestra vida espiritual.

No tenemos que estar en una postura específica para orar.

Hay veces que oro mientras estoy en mi máquina de trotar, y otras —con mucha frecuencia— en cierta silla de mi oficina. Es el lugar donde voy por las mañanas. Pero no estoy estancada. Si me llegase a sentir que lo estoy, hago algo diferente para sentirme fresca.

Los ministros necesitan equilibrio

Ya he mencionado cómo es que tenemos que evitar ser tan espiritual que nadie puede ver posibilidad alguna de relacionarse con uno. He aprendido que el resto de mi familia no tiene el mismo llamado que yo, aunque a todos los ha llamado Dios. En un momento dado, consideré que Dave y nuestros hijos eran muy carnales. Solíamos ir de vacaciones y yo estaba muy satisfecha de disponer una buena cantidad de ese tiempo para buscar a Dios, pero mi familia quería divertirse. Recuerdo que criticaba a Dave por no pasar el tiempo que yo consideraba era el suficiente para dedicarle Dios. Me dejó saber que yo no sabía cuánto tiempo él pasaba con Dios, y que sólo por él hecho de que él no sabía qué yo hacía, eso no quería decir que

él se había descuidado en tener comunión con Dios.

No obstante, Dave me dijo algo muy importante con estas palabras: Joyce, Dios me llamó para que sea el administrador de Vida en la Palabra y quien te cubra. He tomado muy en serio el llamado que Dios me dio, pero no me llamó para predicar.

Me dijo: "Amo la Palabra y la estudio, pero no tengo la gracia para pasar el tiempo que pasas tú orando y estudiando. Dios te llamó y ungió para hacer eso, pero no todos tenemos tu llamado y tú no puedes hacer que nos preparemos en algo para lo cual no fuimos llamados".

Nosotros, los ministros, debemos tener cuidado en como tratamos de presionar a nuestras familias en moldes. En Isaías 58:6, 7, el Señor nos da una mejor compresión acerca de mantener equilibrio al ministrar:

> ¿No es más bien el ayuno que yo escogía, desatar las ligaduras de impiedad, soltar las cargas de opresión, y dejar ir libres a los quebrantados, y que rompáis todo yugo? ¿No es que partas tu pan con el hambriento, y a los pobres errantes albergues en casa; que cuando veas al desnudo, lo cubras, y no te escondas de tu hermano?

Si es usted un ministro, no se esconda de las necesidades de su propio ser de carne y hueso mientras ministra a los demás.

En varias ocasiones en mi propio ministerio, la esposa del pastor, la de algún evangelista que viaja o la persona que esté casada con quien tiene el llamado de ministrar en las calles o la cárcel, ha llegado donde mí ha decirme que su matrimonio está en serias dificultades, debido a que el ministro nunca está en el hogar. Siempre están fuera haciendo por los demás, pero nunca tienen tiempo para su familia.

Usted dirá: "Bueno, ese es su llamado o trabajo".

Según esto es verdad, todos tenemos prioridades piadosas. Dios es primero, la familia le sigue, el trabajo es tercero y nuestro ministerio personal después.

Si tiene un llamado ministerial a tiempo completo, usted está bendecido de tener el trabajo y el ministerio como uno mismo. Usted necesita tiempo para su propia carne y huesos (su ser) y la carne y huesos de su familia. Como ministro del Evangelio, usted necesita de la diversidad y creatividad tanto como su familia. Le evitará "agotarse" y lo "encenderá".

Añada la variedad de manera simple

… con tal que acabe mi carrera con gozo…

Hechos 20:24

El añadir variedad a su vida no necesariamente tiene que resultar costoso o complicado. Si desea hacer algo diferente por la tarde, saque a su familia de paseo. La mayoría de los niños disfruta mucho de salir a pasear en automóvil. Hasta treinta minutos puede se lo único que necesite.

Salga y consiga una taza de café. Sí, usted puede hacerla en casa, pero tal vez no resulte tan divertido. Salga a comprar mantecado, barquillos y refrescos. Salga a dar un paseo a pie o siéntese en el banco de un parque y observe a los niños jugar. Durante los días festivos, dé un paseo por su vecindario y vea los adornos con luces y guirnaldas de Navidad en las casas.

Si tiene de frente un gran proyecto que le habrá de tomar el día entero, tómese unos cuantos recesos. Salga a caminar afuera por unos minutos si el clima es agradable, y tómese un vaso de té helado. Si llega a ver a sus vecinos, hable con ellos un rato. Vaya y siéntese en el sofá y vea algún programa que le guste de corta duración por televisión. Usted no debe perder nunca la perspectiva de su meta, pero esos recesos pueden hacer una gran diferencia en cuanto a como se siente sobre el proyecto. Eso puede ayudarlo a que "termine su curso con gozo".

Cualquier cosa que realice, si obedece las Escrituras y lo hace para el Señor, usted no sólo debería empezar su carrera con gozo, sino terminar de la misma forma también.

11

EL GOZO EN LA SALA
DE ESPERA DE DIOS

11

EL GOZO EN LA SALA DE ESPERA DE DIOS

El corazón del hombre piensa su camino; Mas Jehová endereza sus pasos.

Proverbios 16:9

Pensamos y planeamos en términos temporales, y Dios piensa y planea en términos eternales. Lo que eso significa es que estamos muy interesados en el tiempo presente, y Dios está mucho más interesado en la eternidad. Queremos lo que se "siente bien" en este preciso momento, lo que produzca resultados inmediatos, pero Dios está dispuesto a invertir tiempo. Dios es un inversionista. Él invertirá mucho tiempo en nosotros, porque Él tiene un propósito eternal planeado para nuestra vida.

Dios nos ve y entiende lo que no vemos ni entendemos. Nos pide que confiemos en Él, y que no vivamos en el razonamiento carnal ni nos frustremos, porque las cosas no siempre salen según las planeamos.

Si no abunda la confianza en Dios, no experimentaremos nunca el gozo ni el disfrute. Tenemos ideas sobre cómo y cuándo las cosas deberían suceder. Dios no tan sólo tiene un plan predeterminado para nuestra vida, sino que Él tiene el tiempo perfecto para cada fase. El Salmos 31:5 nos asegura que nuestro tiempo está en las manos de Él. El que resistamos y luchemos contra el tiempo de Dios equivale a luchar contra la voluntad de Él.

Muchas veces, fallamos en darnos cuenta que estar fuera del tiempo de Dios es lo mismo que estar fuera de su voluntad.

Es posible que sepamos *qué* Dios quiere que hagamos, pero no sabemos *cuándo* Él quiere que lo hagamos.

¡Dele tiempo a Dios!

Después de estas cosas vino la palabra de Jehová a Abram en visión, diciendo: No temas, Abram; yo soy tu escudo, y tu galardón será sobremanera grande.

Y respondió Abram: Señor Jehová, ¿qué me darás, siendo así que ando sin hijo, y el mayordomo de mi casa es ese damasceno Eliezer?

Dijo también Abram: Mira que no me has dado prole, y he aquí que será mi heredero un esclavo nacido en mi casa.

Luego vino la a él palabra de Jehová, diciendo: No te heredará éste, sino un hijo tuyo será el que te heredará.

Y lo llevó fuera, y le dijo: Mira ahora los cielos, y cuenta las estrellas, si las puedes contar. Y le dijo: Así será tu descendencia.

Génesis 15:1-5

Abraham tuvo una palabra muy definida de Dios sobre el futuro. Él sabía qué era lo que Dios le había prometido, pero no tuvo palabra con relación a cuándo tendría lugar.

Lo mismo sucede con nosotros. Mientras esperamos por que venga alguna manifestación —en espera por el gran avance— no siempre es fácil disfrutar el tiempo que se pasa en la sala de espera.

Una vez Dios nos habla o muestra algo, estamos llenos de ese algo. Es como si estuviésemos "embarazados" con lo que Dios ha dicho. Él nos ha plantado una semilla, y debemos entrar en un tiempo de preparación. Ese tiempo nos prepara para sobrellevar lo que Dios ha prometido darnos o hacer por nosotros.

Es muy similar al nacimiento de un bebé. Primero, la semilla se planta en el vientre de la madre; luego pasan nueve meses de espera y, al final, nace el bebé. Durante esos nueve meses, se da algo grandioso. El cuerpo de la mujer cambia y la prepara de modo que dé a luz. La semilla va creciendo hasta madurar. Los padres preparan las cosas para la llegada del bebé. Acumulan el equipo necesario para cuidar del bebé de manera adecuada.

Tal y como existe mucha actividad dentro del cuerpo de la mujer y que no vemos, sucede igual en el mundo espiritual con relación a las promesas de Dios para nosotros. Sólo porque no vemos o sentimos que sucede algo, no quiere decir que no sucede nada. Dios realiza partes de su mejor obra en secreto, y se deleita en sorprender a sus hijos.

Ismael no es Isaac

Sarai mujer de Abram no le daba hijos; y ella tenía una sierva egipcia, que se llamaba Agar.

Dijo entonces Sarai a Abram: Ya ves que Jehová me ha hecho estéril; te ruego, pues, que te llegues a mi sierva; quizá tendré hijos de ella. Y atendió Abram al ruego de Sarai.

Génesis 16:1, 2

Abram y Sarai se cansaron de esperar. Estaban agotados y empezaron a preguntarse si tal vez había algo que pudieran hacer para colaborar y hacer que las cosas avanzaran más. En Génesis 16:1, 2, observamos que Sara (llamada entonces Sarai), la esposa de Abram, se le había ocurrido la idea de darle su sierva a Abram para que tuvieran relaciones íntimas.

Ella sintió que esa era la manera en que Dios les daría el hijo prometido. Le parecía que Dios no hacía nada al respecto, así que ella haría algo.

¿Le suena familiar? Durante los tiempos de espera, ¿se le ocurre a usted alguna idea brillante y trata de ser el "Espíritu Santo, hijo"?

Abraham escuchó a Sara, hizo lo que le pidió y el resultado fue el nacimiento de un niño llamado Ismael. Pero Ismael no era el niño de la promesa.

Ismael tenía catorce años cuando Isaac, el niño de la promesa, nació al fin. Es probable que se haya demorado más del tiempo del plan original porque, una vez que nacen los "ismaeles" en nuestra vida, tenemos que lidiar con las repercusiones. Siempre digo que una vez tengamos a Ismael, tenemos que cambiarle los pañales y cuidarlo.

Nos gustaría hacer lo nuestro y hacer que Dios permita que salga bien, pero Él me dejó saber hace años que a lo que nosotros le damos vida en la fuerza de nuestra propia carne, Él no tiene la obligación de cuidar ni pagar por ello.

Ismael nunca nos trae gozo. Es posible que lo amemos, porque, de hecho, amamos el fruto de nuestras obras. Lo que luchamos y obramos por llevar adelante significa normalmente mucho para nosotros. Pero eso no quiere decir que tiene una capacidad inherente de darnos gozo.

Existen muchas personas frustradas con ningún gozo, quienes están a la cabeza de obras importantes. Dios no dijo que no podíamos construir, pero el salmista sí dijo que:

Si Jehová no edificare la casa, en vano trabajarán los que la edifican...

Salmos 127:1

Es muy frustrante obrar, construir y tener todas las señales de éxito visibles, y no tener la capacidad de disfrutarlo. Podemos construir, pero si nuestra obra no está en el Señor, puede resultar en vano (sin utilidad).

Mucha gente pasa su vida subiendo la escalera del éxito y halla que, cuando alcanzan la parte de arriba, la escalera estaba colocada en otro edificio. No quiero hacer eso con mi vida; y estoy segura que usted tampoco quiere hacer eso con la suya.

Es de vital importancia que se dé cuenta que cualquier cosa que Dios nos manda a hacer, Él provee gozo para ello. Dios no lo lleva ni a usted ni a mí a que tengamos una relación con Él para hacernos sentir tristes. En vez de eso, Él nos trae justicia, paz y gozo (Romanos 14:17).

Muchas personas no tienen gozo de sus obras, pero eso no sucede con lo hijos de Dios guiados por el Espíritu. El disfrutar de nuestra labor es un regalo de Dios (Eclesiastés 5:19). El disfrute en sí es un don de Dios, y debo añadir que es una bendición. Tuve posición y cosas, pero sin gozo; y no quiero eso nunca más.

El disfrute es un regalo de Dios

He aquí, pues, el bien que yo he visto:que lo bueno es comer y beber, y gozar uno del bien de todo su trabajo con que se fatiga debajo del sol, todos los días de su vida que Dios le ha dado; porque esta es su parte. Asimismo, a todo hombre a quien Dios da riquezas y bienes, y le da también facultad para que coma de ellas, y tome su parte, y goce de su trabajo, esto es don de Dios.

Eclesiastés 5:18, 19

Este pasaje fue escrito por un hombre que probó casi todo lo que el mundo tiene para ofrecer, y escribió para informarnos que la capacidad para disfrutar de lo que tenemos es un regalo de Dios. Pero si los traemos al mundo antes de tiempo, o sea fuera de tiempo, nos agotará en lugar de proporcionarnos gozo.

Abraham y Sara cometieron un error humano. El fruto de su error era Ismael. Porque era el hijo de Abraham, al igual que lo era Isaac, Dios lo bendijo al hacerle una nación también (Génesis 17:15-22).

Es bueno saber que Dios nos ama tanto que, aun cuando cometemos errores, Él puede sacar a flote el valor de nuestra metida de pata si nuestro corazón es correcto hacia Él. Sí, Dios bendijo a Ismael, pero la promesa de Dios para Abraham no podría cumplirse nunca a través de Ismael, porque Ismael era la obra de Sara y Abraham, no de Dios.

Como Abraham y Sara, si no somos cuidadosos, podemos movernos hacia el área donde tenemos algo de la voluntad de Dios y algo de la nuestra, la cual no sirve.

Ismael no puede ser heredero con Isaac

Visitó Jehová a Sara, como había dicho, e hizo Jehová con Sara como había hablado.

Y Sara concibió y dio a Abraham un hijo en su vejez, en el tiempo que Dios le había dicho.

Y llamó Abraham el nombre de su hijo que le nació, que le dio a luz Sara, Isaac.

Génesis 21:1-3

Había nacido Isaac al fin; y él e Ismael se criaron juntos por tres años, pero no sin ciertos retos.

En Génesis 21:10, Sara le dijo a Abraham que Ismael tenía que irse, y Dios confirmó las palabras de ella en el versículo 12 al decir: ... **No te parezca grave a causa del muchacho y de tu sierva; en todo lo que dijere Sara, oye su voz, porque en Isaac te será llamada descendencia.**

Ismael no podía heredar con Isaac. La obra de la carne no puede tener participación en la obra de Dios.

Siempre llega la hora en que las obras de nuestra carne deben experimentar muerte o total separación. Dios quiere que seamos herederos, no obreros. Somos herederos de Dios y coherederos con

Cristo Jesús (Romanos 8:17 RV). Un heredero recibe lo que otro obrero ha trabajado. El heredero no trabaja para obtener lo ya le pertenece por herencia. Y si tratase, perdería el gozo definitivamente.

Mencioné anteriormente que en Génesis 16:12 RV dice que Ismael **será hombre fiero; su mano será contra todos, y la mano de todos contra él...** mientras que el nombre de Isaac significa "risa". Esto lo dice todo en realidad.

Cuando hacemos nuestra obra en nuestro tiempo y no nos negamos a esperar en Dios, tendremos guerra. Cuando esperamos por la promesa de Dios, siempre nos traerá gozo. La espera es difícil, pero el gozo de recibir el premio vale la pena. La clave es cómo gozarse la espera.

El camino de Dios es mejor

Porque ¿quién entendió la mente del Señor? ¿O quién fue su consejero?

Romanos 11:34

Tenemos que entender que Dios es más inteligente que nosotros. Su plan es, en realidad, mejor. No importa lo que usted haga o piense, el camino de Dios es mejor que el nuestro.

Miro el pasado y veo tantos momentos de frustración por los que pasé, al tratar de traer cosas al mundo en mi tiempo y frustrarme por esperar. Me doy cuenta ahora que no estaba preparada para esas cosas en realidad.

Dios sabía que no estaba preparada, pero yo pensaba que sí. Pasé tanto tiempo preguntándome: "¿Por qué, Dios? ¿Por qué?", y "¿Cuándo, Dios? ¿Cuándo?". Hacía preguntas que sólo Dios sabía las respuestas. Y no tenía la mínima intención de dármelas.

Recuerde, Dios quiere nuestra confianza, no nuestras interrogantes.

Con los años, he descubierto que la confianza requiere de preguntas sin respuestas.

Cuando enfrentamos situaciones desconcertantes, deberíamos decir: "Bueno, Señor, esto no tiene sentido para mí, pero confío en ti. Sé que me amas y harás lo mejor para mí en el momento preciso".

Dios no necesita nuestro consejo para obrar. Él necesita nuestra confianza.

En Éxodo 33:13, Moisés oró a Dios para que le mostrara sus caminos: Ahora, pues, si he hallado gracia en tus ojos, te ruego que me muestres ahora tu camino, para que te conozca, y halle gracia en tus ojos...

Deberíamos hacer esa oración con regularidad, al recordar que los caminos de Dios incluyen su tiempo.

No debemos saber cuando es el tiempo de Dios

Y les dijo: No os toca a vosotros saber los tiempos o las sazones, que el Padre puso en su sola potestad.

Hechos 1:7

Con frecuencia, experimentamos muchas desilusiones, lo cual obstaculiza el gozo y el disfrute, dado que decidimos por nuestra cuenta que tiene que hacerse determinada cosa o algo en determinado momento. Cuando deseamos algo con vehemencia, podemos fácilmente convencernos de que es la voluntad de Dios que nosotros lo tengamos a la hora que queremos, de la manera que deseemos.

Yo siempre creí en las cosas. Soy del tipo de persona orientada hacia las metas y siempre tuve la necesidad de esperar por algo como tal. Hace muchos años, estaba dejando lo que consideraba era fe que me frustraba. Intentaba usar mi fe para obtener lo que deseaba. Cuando no llegaba a tiempo, pensaba que había fracasado en el departamento de la fe o que algún poder demoníaco bloqueaba mi bendición.

Ahora, después de casi veinte años de experiencia trabajando íntimamente con Dios, sé que puedo y debo ejercer mi fe, pero Dios tiene un tiempo señalado.

"Cuando fuere tiempo" (1 Pedro 5:6), "al tiempo señalado" (Génesis 18:14), en "el cumplimiento del tiempo" (Gálatas 4:4) son todas frases que la Biblia expone sobre el tiempo de Dios. Jesús mismo dejó dicho claramente que no debemos saber cuando son estos tiempos.

Una de las cosas que nos mantendrá a usted y a mí con un flujo de gozo es el permanecer a la espera todos los días, no importa cuánto tiempo tome en llegar lo esperado.

Cuando una mujer encinta espera por dar a luz a su bebé, la gente dice que ella está "esperando" dar a luz. Estoy segura que muchos de nosotros estamos esperando.

Yo sé que estoy en espera.

Hay cosas que Dios me ha dicho —cosas que ha puesto en mi corazón— que no he visto manifestarse todavía. Algunas fueron dichas hace unos quince o dieciséis años. Otras que mencionó, más o menos para esa fecha, ya se han manifestado.

Solía estar confundida. En la actualidad, ya no tengo confusión. Estoy a la espera. Mi tiempo puede llegar a cualquier hora, día —posiblemente hoy— y el suyo también.

¡De repente!

Podemos esperar una temporada de "de repente" en nuestra vida. Podemos levantarnos por la mañana con un gran problema y acostarnos sin él.

Dios se mueve de repente.

De hecho, Él trabaja tras bastidores todo el tiempo; de la forma que el nacimiento de un bebé ocurre de repente, así mismo Dios manifiesta lo que Él ha hecho por nosotros, ¡de repente!

En Hechos 1:4, después de la resurrección, Jesús les enseñó a sus discípulos y demás seguidores… **que no se fueran de Jerusalén,**

sino que esperasen la promesa del Padre, la cual, les dijo, oísteis de mí. Se les enseñó a esperar.

Cuando Dios nos instruye a que esperemos, a la carne se le hace difícil poder hacerlo. Ha habido ocasiones en las que le he dicho al Señor: "¿Qué quieres que haga?". Y Él me ha respondido: "Esperar". No me dijo por cuánto tiempo, sino que esperara.

Debemos estar dispuestos a esperar "indefinidamente".

En Hechos 1:13, leemos lo que los discípulos realizaron después que Jesús les dio la instrucción de esperar y, luego, los dejó conforme subía al Padre en el cielo: **Y entrados, subieron al aposento alto, donde moraban...** Cuando subieron, no fijaron un tiempo límite de cuánto esperarían. Escucharon a Jesús, y se dispusieron a obedecer.

Luego, en Hechos 2:1, 2, se nos dice lo que ocurrió mientras esperaban: **Cuando llegó el día de Pentecostés, estaban todos unánimes. Y de repente vino del cielo un estruendo como de un viento recio que soplaba, el cual llenó toda la casa donde estaban sentados.**

Conforme esperaban, *de repente*, llegó lo que esperaban. Tan sólo piense esto: en un minuto, se hallaban esperando; y al siguiente, obtuvieron la manifestación. Eso hace que la vida sea ¡emocionante!

Podemos esperar y estar llenos de fe.

Cuando el tiempo se le acerca a la mujer encinta, ésta se acuesta en las noches pensando: "Esta podría ser la noche del parto". Se despierta en las mañanas pensando: "Es posible que hoy tenga al bebé". Sigue con la misma mentalidad hasta que llega el momento de bendición.

Debemos tener la misma actitud y, conforme lo hagamos, disfrutaremos del viaje. Sí podemos disfrutar del tiempo de espera, pero únicamente con la actitud apropiada.

¡Dios pasa!

El entonces dijo: Te ruego que me muestres tu gloria.

Y le respondió: Yo haré pasar todo mi bien delante de tu rostro; y proclamaré el nombre de Jehová delante de ti; y tendré misericordia del que tendré misericordia, y seré clemente para con el que seré clemente.

Dijo más: No podrás ver mi rostro; porque no me verá hombre, Y vivirá.

Y dijo aún Jehová: He aquí un lugar junto a mí, y tu estarás sobre la peña; y cuando pase mi gloria, yo te cubriré con mi mano hasta que haya pasado.

Después apartaré mi mano, y verás mis espaldas; mas no se verá mi rostro.

Éxodo 33:18-23

En este pasaje, vemos a Dios hacer algo por Moisés; algo de lo cual podemos definitivamente aprender y sentir emoción por ello.

La lección que el Espíritu Santo me reveló mediante estos versículos es que no siempre podemos ver a Dios llegar, pero sabemos definitivamente que Él ha estado presente.

A Moisés lo escondieron en la hendidura de la peña, y Dios escondió su imagen, al tapar el rostro de Moisés con su mano, de modo que no pudiera verlo.

En otras palabras, somos escondidos en la peña, la cual es Jesús; y podemos descansar ahí en lo que Dios se encamina para bendecirnos.

No podemos ver a Dios con mucha frecuencia —nuestras situaciones parecen ser las mismas día tras día— pero cada día Dios se acerca más.

De repente, Dios pasó, y cuando quitó la mano del rostro de Moisés, éste pudo ver sus espaldas.

Mi grupo de ministerio y yo vemos este principio en todo momento en las conferencias o como fruto de nuestros programas de radio y televisión, e incluso por los casetes de enseñanza nuestros. La gente nos dice de continuo que tenía tal o cual problema durante años y fue liberada durante una de estas actividades. A menudo, la gente entra enferma a nuestras reuniones y sale bien.

Una mujer que sufría de dolor de espalda por veinticuatro años, testifico que, después de que oraran por ella en la reunión de Vida en la Palabra, nunca más tuvo dolor. Cuando alguien ha tenido un problema durante veinticuatro años, esa persona se pone ansiosa por ver a Dios. Él pasó por esa reunión, y esa mujer regresó a la casa sana.

A otra mujer la cargaron al altar porque estaba gravemente enferma con dolores de migraña. Posamos las manos sobre ella y oramos en el nombre de Jesús. Estuvimos como unos tres minutos, dando palabras de vida a su cuerpo, y, de repente, vimos que el poder de Dios le hacía efecto. Como resultado de eso, salió bailando de la reunión, alabando a Dios a gritos.

Cuando alguien a quien se carga sale bailando, considero que se puede decir con toda seguridad que Jesús pasó por el lugar.

Una pareja nos escribió que estaba a punto de divorciarse. Su problema era serio. El matrimonio se sentó a ver nuestro programa televisivo acerca de las relaciones y por qué la gente no se lleva bien. Ofrecimos unos casetes sobre el matrimonio, los cuales la pareja ordenó y escucho. Dios tocó a esos dos seres de una manera poderosa. No sólo seguirán casados, sino que ambos van a la iglesia, ¡y se dedican al ministerio en las cárceles!

¡Considero que Jesús ha pasado!

Ellos no lo vieron llegar, pero, *de repente*, hubo un gran cambio. La esperanza reemplazó la desesperanza.

Quienes eran víctimas anteriormente están viviendo en victoria, y todo por Dios haber pasado.

¡El Señor vendrá de súbito!

> He aquí, yo envío mi mensajero, el cual prepara mi camino delante de mí, y vendrá súbitamente a su templo el Señor a vosotros buscáis, y el ángel del pacto, a quien deseáis vosotros. He aquí viene, ha dicho Jehová de los ejércitos.
> Malaquías 3:1

Es posible que esté en busca de Dios y en espera de Dios.

¡No se rinda! ¡Dios viene de súbito! Puede ser que su "súbito" sea hoy o mañana.

Dios lo ama, y, definitivamente, Él tiene un buen plan para su vida.

¡Créalo! ¡Espérelo!

Deposite su fe en Él, y nunca se sentirá defraudado o avergonzado (Romanos 5:5).

Los años de silencio

Jesús pasó treinta años preparándose para un ministerio tres años. Muchos de nosotros estaríamos dispuestos a prepararnos durante tres semanas para un ministerio de treinta años. Hasta para eso, desearíamos que no nos tomase mucho. Estamos tan acostumbrados a una sociedad en que todo es "al instante, ahora", que llevamos esa expectativa carnal a nuestra relación con Dios.

Nos mantiene en un estado de agitación hasta que vemos que Dios no nos va a promover antes de que estemos totalmente preparados.

En su humanidad, Jesús atravesó por ciertas situaciones que lo prepararon para hacer lo que Dios lo llamó a hacer como dice Hebreos 5:8, 9:

> Y aunque era Hijo, por lo que padeció aprendió la obediencia.; y habiendo sido perfeccionado, vino a ser autor de eterna salvación para todos los que le obedecen.

Jesús tuvo lo que yo denomino como "años de silencio". Y lo mismo tuvieron los muchos otros héroes de la Biblia, quienes fueron poderosamente usados por Dios.

El nacimiento de Jesús se registra en el segundo capítulo de Lucas. Fue circuncidado cuando Él tenía ocho días de nacido según la ley y, poco después, lo presentaron en el templo, pero no sabemos nada más sobre Él en las Escrituras hasta cumplir los doce años. Entonces, lo hallamos en el templo, sentado con los maestros y haciendo preguntas (Lucas 2:41-51). Lo único que puedo hallar en la Palabra de Dios concerniente a esos "años de silencio" es que ÉL... crecía y se fortalecía, y se llenaba de sabiduría; y la gracia de Dios era sobre él (Lucas 2:40).

Entre las edades de doce a los treinta, Jesús tenía más "años de silencio", dieciocho años cuando nadie sabía nada de él. Tenía que haber estado haciendo algo. ¿Qué? Después que sus padres lo hallaron en el templo, cuando se suponía debía estar en camino a casa con ellos, se lo llevaron:

> Y descendió con ellos, y volvió a Nazaret, y estaba sujeto a ellos. Y su madre guardaba todas estas cosas en su corazón. Y Jesús crecía en sabiduría y estatura, y en gracia para con Dios y los hombres.
>
> Lucas 3:51, 52

Ésta es otra manera de decir que "Él creció".

Tal como Jesús creció durante esos años de silencio, así tenemos que crecer nosotros en muchos aspectos. Y los años silenciosos ayudan a proveer ese crecimiento.

Juan el Bautista experimentó lo mismo:

> Y el niño crecía, y se fortalecía en espíritu; y estuvo en lugares desiertos hasta el día de su manifestación a Israel.
>
> Lucas 1:80

He aquí un hombre llamado por Dios desde el vientre de su madre para ser el precursor del Mesías, un poderoso hombre de Dios, pero no sabemos nada de él desde su nacimiento hasta el tiempo inicial de su ministerio público. ¿Qué ocurrió durante todos esos años? Creció en sabiduría y se fortaleció en espíritu. No siempre empezamos fortalecidos. Obtenemos fuerza conforme aprendamos y atravesemos varias situaciones. El que todo crezca es un principio de vida. La fe crece, la sabiduría crece, junto con el conocimiento, la comprensión y el entendimiento. El discernimiento se desarrolla, al igual que la sensibilidad hacia Dios y las personas. La Palabra de Dios nos enseña, y las experiencias de la vida también, como lo vemos en Proverbios 5:1: **Hijo mío, está atento a mi sabiduría, y a mi inteligencia inclina tu oído.**

Moisés fue llamado, pero necesitaba tener más sabiduría sobre cómo manejar lo que percibía:

> En aquellos días sucedió que crecido ya Moisés, salió a sus hermanos, y los vio en sus duras tareas, y observó a un egipcio que golpeaba a uno de los hebreos, sus hermanos. Entonces miró a todas partes, y viendo que no aparecía nadie, mató al egipcio y lo escondió en la arena.
>
> Éxodo 2:11, 12

Moisés no mató a este hombre basándose en alguna instrucción de Dios. Las emociones lo motivaron a eso. Moisés sintió compasión por los hebreos. Percibía su llamado a ser quien los liberaría, pero se le adelantó a Dios. Poco después de eso, tuvo un encuentro con dos hebreos que reñían. Una vez más, se interpuso para llevar la paz (Éxodo 2:13).

Se pusieron a la defensiva y le dijeron a Moisés: ... **¿Quién te ha puesto a ti por príncipe y juez sobre nosotros? ¿Piensas matarme como mataste al egipcio?** ... (Éxodo 2:14). Moisés se dio cuenta de que lo que había hecho ya era descubierto, y escapó hacia las tierras inhóspitas de Madián. Se casó y vivió allí por cuarenta años. Durante esos años, no sabemos mucho sobre él, pues eran "años de silencio".

Entonces sucedió el incidente de la zarza ardiente, en el cual Dios le dijo a Moisés su llamado. La Biblia dice que cuando Dios llamó a Moisés, éste era el hombre más dócil sobre la faz de la tierra (Números 12:3). Algo tuvo que haberle sucedido durante los años de silencio. Pienso que estaba preparando su equipaje para el llamado que desde siempre tuvo.

José tuvo un sueño y lo compartió con sus hermanos, los cuales se sintieron ofendidos. Estaban celosos, pero muchos de nosotros podría haberse puesto igual. José debió haber sido más sabio y reservarse lo que soñó. Dudo que muchos hermanos se emocionen si algún hermano les anuncia a los demás: "Los vi a todos inclinarse en acto de reverencia hacia mí". ¿Cómo podría José hacer uso de la sabiduría si no la tenía todavía? El adquirir sabiduría requiere de tiempo y experiencia.

Es probable que usted ya sepa la historia. Los hermanos de José lo vendieron como esclavo, pero le dijeron al padre que una fiera salvaje lo mató. Como esclavo, se llevaron a José a Egipto. Y por tener el favor de Dios, fue colocado en un puesto de autoridad en todo lugar al que llegara.

Aun a la cárcel fue a dar por algo que no cometió, pero Dios estaba con él a través de todo el proceso. En la hora señalada, Dios lo ascendió, y obtuvo tanta autoridad que sólo el faraón era quien tenía más poder en toda la tierra que José.

Créame, cuando nuestro tiempo llega, no hay diablo, infierno ni ser sobre la tierra que pueda evitar que Dios nos promueva y bendiga. Sin embargo, si tratamos de llegar al lugar antes de tiempo, no serviría de nada. No seríamos felices ni ayudaríamos a Dios, porque entorpeceríamos su plan.

Hay una hora señalada. Sólo Dios sabe exactamente cuando es; así que tranquilícese y disfrute del viaje.

¡Disfrute donde está camino a donde va!

Recuerdo los años de silencio en mi vida —años en los que sabía que tenía un llamado para ministrar— pero nada sucedía. Esos fueron años cuando creía y no veía.

Todos tenemos épocas en las que sentimos que nada sucede y parece que nadie, ni siquiera Dios, le importa. Al parecer, no sabemos de Dios ni "sentimos" a Dios. Nos preguntamos si somos una "escamita" o tal vez nunca supimos de Dios después de todo.

Esas son épocas cuando parece ser que Dios nos ha colocado ordenadamente sobre una tablilla y nos preguntamos si Él nos usará algún día o si experimentaremos alguna vez un avance.

¡Espera! ¡Espera! ¡Espera!

Algunas veces, nos parece que hemos esperado toda una vida. Nos cansamos y no sentimos que podamos continuar por más tiempo y, luego, algo ocurre; tal vez algo pequeño.

Como el profeta Elías, vemos una nube como del tamaño de la palma de la mano de un hombre que sube al mar (1 Reyes18:44)., y nos brinda la confianza de que lloverá.

Tal vez su "nube" es una palabra especial de parte de Dios y que alguien se la da o quizás Dios lo tocó de manera especial. Posiblemente reciba un regalo —algo en lo que ha estado creyendo— de lo cual sólo Dios tenía conocimiento, y le alienta saber que el Señor sabe que usted está vivo y espera.

Quizás tenga el llamado para predicar y recibe una invitación para hablar en la comunión de hombres o el grupo de oración de las mujeres en la iglesia. La invitación le renueva la esperanza de que las puertas comienzan a abrirse.

Yo, literalmente, observaba que Dios hacía este tipo de cosas conmigo por años. Tenía una gran visión, y estaba consumida con ella. Estaba "en estado de embarazo" con un sueño. ¿Sí había sabido de Dios o me lo inventaba? Enseñaba estudios bíblicos, pero quería —y sentía el llamado— para hacer mucho más.

Los "años de silencio" fueron muy difíciles, pero muy necesarios. Estaba creciendo, adquiriendo sabiduría y experiencia, aprendiendo cómo ir bajo la autoridad, y aprendiendo la Palabra de Dios que tenía que predicar por mi llamado.

A muchos les gustaría predicar, pero ni siquiera tienen un mensaje.

Justo antes de cuando quería rendirme, el viento de Dios soplaba al paso. Él solía hacer algo para que yo permaneciera esperanzada.

Dios se encuentra vigilando muy de cerca la vida de sus hijos, y no dejará que seamos tentados más de lo que podemos resistir

(1 Corintios 10:13). Dios provee el camino para salir de cualquier situación en el tiempo justo. Mientras tanto, Él nos dará lo que necesitemos para estar estables y gozosos si confiamos en Él para ello, al realizar lo que Él sabe es mejor.

La preparación

Recuérdales que se sujeten a los gobernantes y autoridades, que obedezcan, que estén dispuestos a toda buena obra.

Tito 3:1

En Lucas 3:1-6, Dios envía a Juan el Bautista a proclamarle a la gente: ... **preparad el camino del Señor...** (v. 4). En Juan 14:2, cuando Jesús se preparaba para dejar la tierra, les dijo a los discípulos: **...voy, pues, a preparar lugar para vosotros.** En Mateo 20:23, cuando la madre de los hijos de Zebedeo fue donde Jesús para pedirle que permitiera que sus dos hijos se sentaran junto a Él, uno a su derecha y el otro a su izquierda y... **Él les dijo: A la verdad, de mi vaso beberéis, y con el bautizo con que yo soy bautizado, seréis bautizados; pero el sentaros a mi derecha y a mi izquierda, no es mío darlo, sino a aquellos para quienes está preparado por mi Padre.**

Podemos captar la imagen de inmediato que Dios no hace nada sin antes estar preparado ni tampoco nos permite hacer su trabajo sin que tengamos la preparación adecuada.

En Tito 3:1, Pablo escribió: "Estén dispuestos a toda buena obra". Y en 2 Timoteo 2:15, instruyó a su joven discípulo:

Procura con diligencia presentarte a Dios aprobado, como obrero que no tiene de qué avergonzarse, que usa bien la palabra de verdad.

Su preparación es posible que sea ir a la universidad para estudiar la Biblia o cualquier otro tipo de adiestramiento formal. Tal vez sea pasar un par de años trabajando bajo el mando de otra persona en el ministerio para que usted sepa cómo sobrellevar las cosas en el camino.

Quizás signifique trabajar en un empleo que no es de su preferencia o para un jefe difícil al cual resulta no ser de su agrado.

Podría significar también pasar unos años en los que encuentre reunir mis necesidades básicas, pero que, en definitiva, no vive con abundancia porque está aprendiendo cómo creerle a Dios por la prosperidad y cómo manejarla cuando le llegue. Muchos desean prosperar, pero no todos quieren prepararse para prosperar.

Cada fase que atravesamos es importante. Hay algo qué aprender en cada paso. Todo esto es parte de nuestra preparación. Debemos "graduarnos", por decirlo así, de cada fase o nivel hacia el siguiente. Y eso ocurre después que nos hemos probado en el nivel actual. Hay mucha espera entre todas las fases de preparación.

Seremos santitos tristes, a menos que aprendamos a esperar bien. Quienes normalmente son gruñones, criticones y muy poco llevaderos no son felices. Quienes no son felices tienden a hacer que los demás no lo sean tampoco.

"Tome asiento"

Y juntamente con él nos resucitó, y asimismo nos hizo sentar en los lugares celestiales con Cristo Jesús.

Efesios 2:6

Si tiene una cita con un médico, dentista, abogado u otro profesional, lo primero que le dice a usted la recepcionista al llegar a la oficina normalmente es: "Tome asiento". El que le brinde un asiento es una invitación para que descanse mientras espera.

Es posible que haya una selección de revistas para leer o una televisión para entretenerse. Estas cosas están disponibles con el propósito de despejarle la mente de la espera. Si se mantiene ocupado, el tiempo se le irá rápido. La persona a quien vino a ver desea que disfrute la espera y no se frustre por ella. Cuando Jesús concluyó su obra, ascendió a las alturas y la Biblia dice que Él se sentó. Su obra estaba terminada, así que entró en un estado de descanso. La mayoría de las referencias de Jesús en el cielo después de su ascenso en el Nuevo Testamento, describen que El se sentó, como dice Hebreos 1:13: **Pues, ¿a cuál de los ángeles dijo Dios jamás: Siéntate a mi diestra, hasta que ponga a tus enemigos por estrado a tus pies?**

Jesús ha terminado lo que el Padre le envío a hacer. Ahora, se le dijo "toma asiento y descansa hasta que yo me encargue de tus enemigos". Debemos entender que este mismo ofrecimiento está disponible para nosotros. Según Efesios 2:6, ¡nos hizo sentar en los lugares celestiales con Cristo Jesús!

Nos ofrecen un asiento cuando entramos en una sala de espera para una cita. Si elegimos, podemos pasearnos por la sala, retorciendo las manos, verificando cada para de minutos si ya la persona nos va a atender. Sin embargo, hay otra opción mejor por elegir. Podemos tomar asiento y hacer algo que haga la espera agradable.

"Deje que la naturaleza tome su curso"

Escuchamos esta frase muy a menudo, y resulta ser otra forma para decir: "Cálmese y deje que las cosas ocurran según están programadas".

En cada embarazo de mis cuatro hijos, el tiempo de embarazo fue de diez meses. Después del parto de mi cuarto hijo, el doctor dijo finalmente: "Eres la única mujer que conozco cuyos embarazos tardan el mismo periodo de gestación que el de la elefanta".

No es necesario decirlo; era una experiencia difícil. ¿Quién sabe? Tal vez Dios me intentaba enseñarme, aun en ese entonces, cómo esperar apropiadamente.

Nunca aprendemos lo que es la paciencia hasta que no tengamos algo por lo cual debamos ser pacientes. La paciencia es algo que tiene que obrarse dentro de nosotros, pues no aparece así porque sí.

El fruto de la paciencia está en nuestro espíritu, porque —como hijos de Dios que somos— el Espíritu Santo mora en nosotros. Sin embargo, para que la paciencia pueda expresarse en nuestra alma (mente, voluntad, sentimientos), hay que realizar una obra en nosotros.

Una vez el tiempo programado de espera para cada uno de mis embarazos se pasaba de fecha, trataba lo que pueda imaginar con tal de provocar el parto. Caminaba, tomaba aceite castor, trabajaba más arduo de lo normal, con la esperanza de poder "adelantar las cosas". Con uno de ellos, fui al hospital para que el médico indujera el parto. No funcionó, pues me enviaron a casa. El médico básicamente me dijo: "Regresa a tu casa y deja que la naturaleza tome su curso".

Mi recomendación para usted desde la Palabra de Dios y mis experiencias en la vida es la siguiente: "No esté con tanta prisa". Es posible que esté "en estado de embarazo" con los sueños para su vida, pero puede ser que trata de tener a su "bebé" fuera de tiempo.

Podemos hacer grandes líos en nuestra vida y, a veces, molestarnos con Dios porque las cosas no salieron de la forma en que pensábamos el Señor dijo que saldrían. Las cosas saldrán tal como Dios dijo si esperamos en su tiempo. Somos nosotros quienes estamos con prisa. ¡Dios no tiene prisa!

En el Salmos 37:4, se nos dice que: **Deléitate asimismo en Jehová, y él te concederá las peticiones de tu corazón.** Manténgase ocupado y deléitese en el Señor. Él le concederá lo que Él quiere que usted tenga. Si Dios ha puesto el deseo en usted, puede estar seguro de que Él hará que nazca en el tiempo correcto. Espere en Dios por la dirección e instrucción en cuanto a cómo proceder y hacer lo que Él le diga o le muestre, pero no vaya más allá de eso.

Aprenda a "esperar bien"

Por tanto, hermanos, tened paciencia hasta la venida del Señor. Mirad cómo el labrador espera el precioso fruto de la tierra, aguardando con paciencia hasta que reciba la lluvia temprana y la tardía.
Tened también vosotros paciencia…

Santiago 5:7, 8

Aprenda a esperar pacientemente. Eso significa verdaderamente aprender a esperar con una buena actitud.

He aprendido que la paciencia no es mi habilidad para esperar, sino que es la forma en que me conduzco mientras estoy esperando.

Vamos a esperar no importa qué hagamos. El esperar es un hecho de la vida. De hecho, pasamos más tiempo esperando que recibiendo. La actitud que tenemos y la forma de conducirnos durante la espera determinarán si disfrutamos el viaje o no. Además, ayudará a determinar el largo del viaje.

Todas las cosas que deberíamos hacer mientras estamos esperando son el motivo preciso por lo cual debemos esperar. Le insto a que medite en ese enunciado: Todas las cosas incorrectas que realizamos mientras esperamos —como dar a luz a los "ismaeles", tener mal proceder, estar celosos de quienes ya tienen lo que esperamos recibir, asistir a "fiestas de dar lástima" con regularidad, estar en un sube y baja emocional— todas ellas y aun más son motivos por los cuales tenemos que esperar. Tienen que atenderse. El simple hecho es que la preparación es un proceso que requiere de tiempo.

Aun cuando somos más maduros y estamos listos para algo bueno de Dios, es posible que esperemos por Dios para tratar con los demás que estarán vinculados con nosotros. Hay una obra multifacética que Dios realiza, una intrincada, y estamos mejor si la dejamos quieta y le permitimos a Dios ¡ser Dios!

Hay una obra purificadora que debe realizarse en nuestra vida para que estemos encajados y equipados para lo que Dios nos ha guardado, lo que nos ha puesto en el corazón.

Es posible que la mayoría de la gente nunca llegue a la plenitud de lo que Dios tiene para ella. No llega a ver nunca el cumplimiento de sus sueños y visiones por el mero hecho de entender las cosas que comparto en este libro o sí las entiende, pero es terca y rebelde.

Sí, esa inhabilidad para "esperar bien" es una de las principales razones por la que la gente no disfruta de la vida. Sin embargo, considero que usted cambiará según vaya leyendo el libro. Recuerde que esperamos señales y maravillas en esta área para confirmar la palabra que se enseña.

He aquí un ejemplo que puede servir de ayuda.

Cuando Dios nos llamó para realizar un ministerio televisivo en 1993, aceptamos el llamado y la responsabilidad que conllevaba. Lo primero que tuvimos que hacer fue esperar en Dios por recibir directrices más específicas. Sabíamos que teníamos que salir en televisión, pero no teníamos ni la idea de cómo desarrollar el plan. Lo digo con toda sinceridad; no teníamos la mínima idea de por dónde comenzar.

Al hablar con otras personas con experiencia en esta área, descubrimos que precisábamos de un productor; así que esperamos por Dios para que nos guiara. Él nos trajo al recuerdo que un hombre, quien produce actualmente un programa de televisión para otro ministerio, nos presentó su solicitud hacía tan sólo un par de meses. Para cuando el hombre había sometido la solicitud, dijimos: "Archívalo; no estamos en la televisión. ¿Para qué necesitamos a un productor?".

Dios conocía lo que nosotros no sabíamos. Él estaba proveyendo su plan antes de que siquiera supiéramos lo que era. Así que contratamos al productor. Entonces, empezó a hacer investigaciones sobre equipos y programas, y esperamos por que toda esa información llegase.

Mientras tanto, habíamos compartido con los compañeros y amistades lo que Dios nos guiaba a hacer. Les pedimos que colaboraran para ello, y esperábamos por el dinero. Finalmente, conseguimos nuestro equipo. Nos fijamos que necesitábamos unos camarógrafos que fuesen con nosotros a la calle a grabar, así que esperamos por Dios a que nos los consiguiera. Después, comenzamos a tratar de salir en estaciones de televisión. Los directores de las estaciones nos decían que necesitábamos mostrarles un programa "piloto", una especie de muestra sobre cómo sería el formato del programa; así que esperamos por que eso se diera. Entonces fue que comenzamos a enviarlo a las estaciones y esperamos a ver si les gustaba.

Al final, salimos en televisión —en un par de ellas primero— y esperamos a ver qué respuesta obtendríamos.

Espero que pueda ver de este ejemplo que cada fase requiere de espera, sobre todo, si dejamos una fase establecida y nos movemos hacia el siguiente. La espera es un hecho en la vida.

Por lo tanto, hermanos, tened paciencia...
Santiago 5:7

Fíjese que este versículo no dice: "Sea paciente si tiene que esperar".

Aprenda a "esperar de forma apropiada"

No sólo debemos aprender a esperar en Dios, sino que encontremos que debemos esperar en las personas también. Debemos aprender a ser pacientes con la vida, la gente, los sistemas, el tránsito y muchas otras cosas más.

Recuerdo bien cuando Dios me adiestraba con las filas para pagar en el mercado, pero no sabía que era un adiestramiento para el futuro.

Como por un periodo de dos años, en cada fila que me colocaba para pagar, me tocaba una cajera lenta o una nueva en proceso de adiestramiento, la persona antes de mí se hallaba con artículos sin precios o una caja registradora ya fuese sin cambio, que debía completarse o esperar por el cambio de turno de los cajeros.

En esas situaciones, tendía hacer lo que todos harían: hacer la fila más corta, pero parecía tomar más tiempo.

Pienso que hay un mensaje para nosotros con esto. Por naturaleza, siempre vamos a escoger lo que parezca verse la ruta más corta, pero no siempre resulta ser la mejor.

Hasta puedo orar sobre cuál fila hacer, y, todavía, terminar por hacer la fila con más problemas.

Por mucho tiempo, solía sentirme frustrada, molesta, furiosa y sin hacer un buen esfuerzo por evitar mostrar mi sentir. Este despliegue de falta de dominio propio sólo me hacía lucir como una tonta, y estoy segura que hacía sentir a los cajeros peor aún (por ya sentirse inseguros).

Es obvio que no tenía la necesidad de tener un ministerio televisivo y radial —ni ser reconocida por muchos— mientras mi comportamiento era así de impaciente. Mientras no pudiera ni siquiera "esperar de forma adecuada" en una fila del mercado, sin duda no sería capaz de esperar en las otras cosas necesarias para ver la plenitud del plan de Dios.

Sí, Dios empieza, con mucha frecuencia, con las pequeñeces que no parecen tener consecuencias en nosotros, pero que son de mucha importancia. Verá usted, es un principio: Si somos pacientes, se demostrará en todo lugar. Y si no fuese paciente, se demostrará en todo lugar. Dios no se arriesgará con nosotros hasta que el carácter de Él se haya establecido en nosotros. Nosotros somos sus representantes, somos embajadores de Él (2 Corintios 5:20), y tenemos que darle gloria y buen fruto.

Últimamente, estaba en las tiendas durante la época de compras de Navidad, y esperé por mucho tiempo para pagar por un simple artículo. Quienes estaban frente a mí tenían muchos artículos, y hubiese sido muy agradable que me permitieran pasar adelante, pero eso no ocurrió.

Una vez, tuve hasta la experiencia de pasar inadvertida, y alguien se pasó delante de mí. Varias señoras esperaban por los clientes. Cuando al fin me tocó el turno, la señora me dijo de inmediato: "Gracias por esperar. ¿Es usted quien creo que es?

¿Es a caso la señora que sale hablando por televisión?".

Después dijo: "Desde el momento que la vi entrar por esa puerta, sabía que se trataba de usted".

Ahora me pregunto, ¿qué hubiera pasado si yo me hubiese comportado de forma inapropiada, procedido con impaciencia o enfurecido porque no me atendieron según el orden correcto?

Créame que ahora veo las cosas que no veía cuando estaba en la rueda del alfarero, mientras Dios me moldeaba de nuevo el proceder y desarrollaba el fruto de su Espíritu en mí. Por supuesto, todavía cometo errores, pero siempre dejo salir un suspiro cuando he estado bajo presión, y Dios me ha dado la gracia para comportarme adecuadamente. Y descubrí que alguien que estaba a mi alrededor me reconoció como "la señora que predica por televisión". Recuerdo otra situación cuando la familia entera estaba cenando en un restaurante. Una mesera se tropezó y la bandeja que llevaba con agua, café y té fue a parar encima de mi esposo. Él fue muy amable y paciente con ella. Incluso, habló con el gerente para asegurarse que la mesera no tuviese ningún problema. Tan sólo llevaba trabajando allí tres semanas, y estaba llorando.

El restaurante estaba atestado, y era su primera mesa grande que le tocaba atender. Estoy segura que cada uno puede presentir cómo ella se sintió. Regreso más tarde con otra bandeja de refrigerios, se apoyó de la mesa e inclinó hacia el frente y me dijo: "Creo que estoy nerviosa porque usted está aquí. La veo por televisión siempre".

El corazón me subió a la garganta. "¡Ay, gracias, Dios mío! Gracias, gracias, gracias, porque no actuamos mal en esta prueba", me dije.

Debemos darnos cuenta cuán mal se sienten las personas por nuestra impaciencia, y cuán adversa puede ser para nuestro testimonio.

La prisa roba el gozo

Dios ha pasado mucho tiempo para enseñarme que la prisa roba el gozo.

Porque Él no tiene prisa o digamos que Él no tiene un espíritu de "date prisa", nosotros tampoco deberíamos tener prisa. Después de todo, estamos hechos a su imagen.

¿Puede usted imaginarse a Jesús comportarse de la forma que lo hacemos? Dudo que Él se levantara en la mañana y comenzara a decirles a los discípulos que se dieran prisa y estuvieran listos para ir a Jerusalén a llevar a cabo una conferencia. No sólo tiene Dios un tiempo con relación a cuando veamos las manifestaciones que esperamos, sino que creo también que hay un tiempo que debemos vivir.

Tal vez debería decir que debemos ir a un determinado ritmo para vivir. Debería reflejarse en nuestro paso por la vida. La forma como caminamos, hablamos y comemos revela algo sobre nuestra actitud hacia la espera.

Hay un ritmo de paso cómodo para caminar, pero el espíritu de "date prisa" que permanece en la tierra hace que nos apuremos y hagamos cosas que ni requieren prisa. Unos hablan tan rápido que se hace difícil absorber y digerir lo que dicen. Y otros se irritan si no los entiendes de inmediato; y si les pides que repitan o expliquen lo que dijeron, normalmente les da ira.

Muchas personas no comen en realidad, sino que se devoran la comida. A veces, la gente que come muy deprisa tiene problemas con comer de más. Creo que es una satisfacción emocional que se obtiene al comer. No sólo el cuerpo necesita de alimentación, sino que debemos disfrutar comer el alimento. Si tomásemos tiempo para disfrutar comer los alimentos por completo, podríamos hallar que estamos más satisfechos y no necesitamos tanta comida.

La gente normalmente está a toda prisa. Es tan frecuente hoy cuando le preguntamos a los demás cómo están, que responden que "ocupados".

Eso automáticamente me hace sentir apresurada. Me da la impresión de que la persona hubiese preferido que ni le preguntara por tal de no detenerla, que la dejara en paz. La mayoría de la gente vive definitivamente a toda carrera, pero esa no es la carrera en la que encontraríamos a Jesús si Él estuviese en carne y hueso en la tierra actualmente.

Determine no vivir su vida a la carrera. Usted no disfrutará la vida si la pasa a toda prisa. Todo pasará muy borroso.

Las personas se quejan a menudo de cuán ocupadas están, de cuán cansadas, pero no hacen nada al respecto.

¡Tome una decisión! ¡Pruebe el sabor de la vida! Saboree cada día. Saque tiempo todas la noches para reflexionar sobre los acontecimientos del día, sobre todo, los sucesos especiales. Medite en las cosas que le trajeron alegría, y podrá tener el placer de gozarlas otra vez. Si va a tener que darse prisa siempre para hacer lo que hace, determine hacer menos.

¿Salir de su casa por la mañana a tiempo le resulta una pesadilla o frustración? Tome la decisión de hacer menos o levántese más temprano. ¡Declárele la guerra al espíritu de "date prisa"!

A menudo, estamos o muy comprometidos o poco comprometidos. Lo que necesitamos es compromisos equilibrados. Dios no se impresiona con el exceso de actividades, aun cuando las hacemos en su nombre.

Recuerde que la paz nos lleva al gozo. Si Satanás puede robarle la paz, entonces tomará su gozo.

Deje que la paciencia haga su obra perfecta

Mas tenga la paciencia su obra completa, para que seáis perfectos y cabales, sin que os falte cosa alguna.

Santiago 1:4

Cuando la paciencia se desarrolla plenamente en nosotros, Satanás no puede controlarnos emocionalmente. Es por eso que lucha tan arduo contra el desarrollo de este fruto en particular.

Dicen que la humildad es la principal virtud de la cual las demás surgen. La paciencia está muy vinculada a la humildad. De hecho, enseño que la impaciencia es orgullo. La impaciencia dice: "Soy demasiado importante como para esperar" o "Tengo mi plan; estoy en marcha y no quiero que nadie se interponga en mi camino".

Santiago dijo que cuando la paciencia tenga su obra completa en nosotros, seremos perfectos y enteros, faltos de nada. Para entonces, habremos crecido lo suficiente como para estar fuera del alcance de ser controlados por Satanás o por su obra a través de situaciones o personas irritables.

No desprecie los acontecimientos en la vida que nos desarrollan la paciencia, las cosas que le causan "esperar bien". Esas cosas son sus amigas, no sus enemigas. Le están ayudando a llegar a donde va. El propósito de éstas es ayudarlo a que llegue a donde va con gozo.

Si usted está en la sala de espera de Dios —de lo cual estoy segura que lo está— como el resto de nosotros, tome asiento.

¡Disfrute la espera! No esté con tanta prisa. Eso sólo lo hará sentir triste. Dios ha provisto que usted tenga gozo al esperar.

¡Relájese y entre en el gozo de Él!

12

LA LIBERTAD EN LAS RELACIONES

12

LA LIBERTAD EN LAS RELACIONES

Porque vosotros, hermanos, a libertad fuisteis llamados...

Gálatas 5:13

Con respecto al tema de disfrutar la vida, todos nos hallamos en lugares diferentes en el camino. Hay quienes disfrutan de la vida por completo; otros para nada, en absoluto. Hay quienes la disfrutan un poco; y otros nunca se dan cuenta que deberían disfrutarla plenamente.

Recordemos en este momento lo que compartí anteriormente. Jesús dijo que Él vino para que tengamos vida, y en abundancia, plenamente, hasta que sobreabunde (Juan 10:10). Se nos manda a disfrutar de la vida, al menos, esa es la forma que determiné verla.

Una de las tareas más difíciles que una persona puede tener es la de tratar de controlar a todos a su alrededor.

Pasé muchos años tratando de controlar a mi esposo, mis hijos y amistades. No lo hacía por ser malvada. De niña, habían abusado de mi y dominado, y creo que por eso decidí que o dominaba yo o dejaba que me dominaran. Temía dejar que los demás lideraran porque sentía que si lo permitía no podría conseguir nada de lo que quería. Mi experiencia pudo haber venido de que todos los que tenían autoridad en mi vida me habían lastimado, y no iba a permitir eso de nuevo. Ni siquiera entendía que era dominante; que me convertí en lo que tanto odiaba.

Sí entendí que no era feliz. No tenía ni paz ni gozo. Estaba segura que no disfrutaba mi vida. Sabía que tenía un problema, pero no sabía lo que era o cómo mejorarlo.

He compartido, capítulo por capítulo, las cosas que Dios me ha mostrado durante mi propia recuperación. Y este capítulo no es la excepción. Esto es algo que he aprendido y me ha ayudado inmensamente para disfrutar mi vida y a todas las personas en ella.

No sólo tenía un problema con tratar de controlar a los demás, pero —en cierta forma— dejaba que me dominaran. Estaba muy preocupada con lo que pensaran; y trataba de cumplir con sus expectativas y exigencias silenciosas.

Este era el caso, sobre todo, entre los grupos de personas con quien deseaba relacionarme. Quería ser una parte, pero todavía estaba mirando hacia adentro desde fuera. Ahora que miro al pasado, me parece que quise dominar a quienes me amaban, y viví con el temor al rechazo de las personas que, con desespero, quería recibir su amor. Como resultado de ello, permití que me robaran mi libertad.

Dios no nos creó para tener ningún dominio que no fuera el dominio propio. Debemos darle a Dios las riendas de nuestra vida voluntariamente, sin la intención de mantenerlas ni darlas a quienes quieran usarnos para su propio beneficio o ventaja.

Ya he pasado mucho, y considero que he sido capaz de ayudar a muchas personas a lo largo del camino. Soy libre de ser yo, y estoy libre de la necesidad de dominar a los demás.

Transfórmese, no sea conforme

No os conforméis a este siglo, sino transformaos por medio de la renovación de vuestro entendimiento, para que comprobéis cuál sea la buena voluntad de Dios, agradable y perfecta.

Romanos 12:2

La voluntad de Dios para nosotros es la transformación —la cual se da de adentro hacia fuera— y no la conformación —la cual es la idea superficial y externa de los demás sobre lo que deberíamos ser— ni nuestro esfuerzo para conformarnos a las ideas, expectativas y exigencias de los demás.

Con frecuencia, el mundo quiere trazar los límites de un cajón para que entremos en ella. El problema es que el cajón está diseñado por el mundo y no por Dios.

Nunca podría ser feliz ni realizada si vivo en el cajón de otra persona, ni usted tampoco podría serlo.

La mayoría de las personas piensa que deberíamos hacer lo que ellas hacen: ser parte de su plan. Esto sería maravilloso si Dios está de acuerdo, pero cuando Dios dice que no, debemos aprender a decir no. Además, debemos aprender a decir que sí cuando Él dice sí.

La gente ha desarrollado con pericia unos métodos para decir con rodeos: "Si no haces lo que queremos que hagas, te rechazaremos entonces". Eso se lo dicen los padres a los hijos; la esposa, al esposo; y el esposo, a la esposa. Las congregaciones se lo dicen a sus pastores; los amigos, entre amigos. Existe mucho en todo tipo de relación.

El dolor del rechazo es difícil de sobrellevar. Por lo tanto, estamos tentados a meramente cumplir en vez de defender nuestra libertad. Podemos convertirnos rápidamente en personas que buscan agradar al hombre en vez de agradar a Dios (Efesios 6:6 RV). Entonces no estamos contentos. No existe ninguna paz ni ningún gozo. No disfrutamos nada y ni sabemos el porqué. Debemos dejarnos llevar por el Espíritu si queremos disfrutar el viaje. No podemos dejarnos llevar por las amistades o familiares.

A veces, cuando vemos al fin que alguien nos ha dominado, nos airamos con esa persona y por todos los años que nos robó el gozo. Dios me ha enseñado que tanta culpa tuve yo como la otra persona sobre eso, mientras estuve en ese estado de ira.

Nadie puede dominarnos si nosotros no se lo permitimos. A veces, tenemos tanta tensión y temor a nuestro alrededor —con tanta preocupación porque no vamos a impresionarlos— que eso nos hace sentir totalmente tristes. Además, nos roba la seguridad, retiene los dones que Dios nos dio y los que tenemos dentro e impide que salgan a flote.

Una noche, antes de comenzar una de nuestras conferencias, fui al salón de oración y hallé a mi líder de adoración haciendo ejercicios de estiramiento. Pensé: "¿Y qué es lo que hace? Se supone que se esté preparando para dirigir la adoración".

Me vio que lo observaba, y me dijo: "El Señor me dijo hoy cuando me preparaba para esta noche que estuviera suelto". Lo que dijo me chocó porque iba a enseñar esa noche acerca de la libertad, y la primera definición para la palabra "libertad" que había hallado en mi estudio era ¡estar suelto!

Cuando esté rodeado de personas, ya sean conocidos o no, resista la tentación de estar tenso. Simplemente relájese, suéltese. Sea libre de ser usted. Si sus amistades no le permiten que usted sea quien es, ¿serán en realidad amistades?

Dios le decía a Chris, el líder de adoración:

"No sientas presión para desempeñarte".

El ladrón viene a matar (Juan 10:10). ¿Qué es lo que quiere matar? La fuerza vital en nosotros. Quiere atiesarnos y sofocarnos con temores e inseguridades.

Hablamos extensamente sobre el legalismo y cómo el vivir bajo la ley nos roba la vida anteriormente. La ley mata, pero el Espíritu da vida (2 Corintios 3:16). Si no somos cautelosos, podemos permitirles a otros que se conviertan en nuestra ley.

Libre de comparaciones

Así que, ya no nos juzguemos más los unos a los otros, sino más bien decidid no poner tropiezo u ocasión de caer al hermano.

Romanos 14:13 RV

Hay muchas cosas que cada uno de nosotros no puede hacer, pero hay un sinfín que sí podemos realizar, y muy bien. No tenemos que comparar nuestra persona ni nuestras capacidades ni logros con los demás, ni con sus talentos ni logros. Somos libres de ser individuales. Dios tiene un plan individual para cada uno de nosotros.

Algunos de nosotros nos interrelacionaremos, pero cada uno debe tener la libertad de ser guiado por Dios. Hasta tenemos el derecho de cometer errores y aprender de ellos.

Dios me dijo una vez: "Joyce, sólo porque tengas la razón no quiere decir que tengas el derecho de restregarle la verdad en la cara a los demás".

Aun Dios le permite a la gente el derecho del libre albedrío, y debemos mantener ese derecho en esa área. Además debemos asegurarnos de no ser partícipes del robo del derecho de otra persona.

Finalmente, descubrí que no tenía que ser como mi esposo, quien posee muchas características maravillosas. No tenía que ser como la esposa de mi pastor ni como la vecina ni tampoco como esa señora de la iglesia que parece que tiene todo en orden.

Permitimos que otras personas sean nuestra ley, pensando que debemos ser lo que ellas son. Eso nos roba la libertad, y no es culpa de nadie, sino nuestra.

Usted no tiene que comparar su vida de oración ni los hábitos de estudios bíblicos con otras personas. Siempre y cuando tenga la certeza en el corazón de que hace lo que Dios quiere que haga, eso es todo lo que tiene que hacer.

Cuando pienso en la palabra "libertad", percibo vida. Cuando las personas me predican de libertad, siento vida. Cuando se predica de legalismo, percibo muerte.

Queremos complacer a las personas y hacerlas sentir felices. No es que eso sea incorrecto, pero puede llevarnos a una situación incorrecta.

Es bíblico tratar de vivir en armonía con los demás y en paz con todos (Romanos 12:16, 18). Sólo asegúrese de que su deseo de complacer no se pase de la raya y lo lleve hacia una relación de dominio.

Recuerde que cuando usted cede su libertad, cede su gozo también.

Viva y deje vivir

"Viva y deje vivir', es una frase que estaba diseñada para decir: "Seamos todos libres". Significa: "Viva su vida y yo la mía, y a la inversa".

¿Sabía usted que hasta la Biblia dice que debemos inmiscuirnos sólo en nuestros asuntos?

… y que procuréis tener tranquilidad, y ocuparos en vuestros negocios, y trabajar con vuestras manos de la manera que os hemos mandado.

1 Tesalonicenses 4:11

Esto es algo de lo cual debemos procurar hacer. Debería ser nuestra ambición ocuparnos de nuestros negocios.

En definitiva, he descubierto que aplicarme este principio me ayuda mucho para poder disfrutar mi vida.

En muchas ocasiones, nos metemos en cosas que no son de nuestra incumbencia, y hacerlo nos quita la alegría. No hay nada de unción en inmiscuirse en asuntos ajenos. Por eso es que las cosas se enredan tanto si se entromete en lo que no debería. Es obvio que hay un punto en que uno puede involucrarse y ayudar a alguien en necesidad, pero hay una raya para el equilibrio que se debe mantener también. Mi esposo y yo tenemos tres hijos quienes están casados, y puedo asegurarle que si los padres no aprenden a mantenerse al margen del asunto que tengan sus hijos adultos, la situación les robará el gozo a todos y cada uno. Se puede aconsejar —si es que no lo hace a cada rato— pero tan pronto haya alguna seña de que el consejo es rechazado, quien es sabio deja de aconsejar de inmediato.

Cuento con muchos empleados en Vida en la Palabra, y nos preocupamos por nuestra gente. Queremos ayudarla cuando nos necesiten, pero aprendí —hace mucho tiempo— que no puedo implicarme intrincadamente en los asuntos personales de la gente. Considero que la falta de equilibrio en esta área arruina muchas relaciones con gran potencial.

Le insto a que no se "enrede" en la vida de los demás. Sea un buen amigo, pero ojo con enredarse. Es posible que se pierda usted en la vida de otra persona.

He llegado al punto en que me siento que tengo bastantes cosas de qué ocuparme, sin implicarme en las de los demás.

Es asombroso cómo nuestro gozo y disfrute pueden aumentar por tan sólo seguir este sencillo principio. Estoy muy a favor de los dones del espíritu, y una palabra dicha en el momento justo anima y ayuda a seguir adelante.

Sólo asegúrese de que tener la "palabra" que venga para alguien sea una palabra que provenga de Dios y no de usted. Aun de los preciosos dones del Espíritu Santo se ha abusado, y hay quienes los han usado para manipular y dominar.

Cuando alguien le da una palabra de Dios, recuerde siempre que debería "dar testimonio", o sea, que usted debería verificar por sí mismo. Debe ser una confirmación de lo que el Señor ya le ha mostrado. Si resulta ser noticia para usted, colóquelo en un estante y espere a ver lo que Dios le muestra al respecto.

El entrometimiento es otro problema que se debe evitar. Es definitivamente uno de los que tuve en el pasado y afectó mi gozo adversamente. Quiero que sepa que me parece muy importante este asunto. Por favor, preste mucha atención y sea muy abierto con Dios.

Mi intención no es la de insultar o acusar, pero siento que debo exhortarlo: Si tiene dificultad en ocuparse de sus asuntos solamente, empiece a orar por liberación.

Determine cambiar, y eso le aumentará su gozo personal en grande.

Dios me ha enseñado que darles libertad a los demás es sembrar buenas semillas para nuestra propia libertad en las relaciones precisamente porque nuestras personalidades son diferentes, es que lidiamos con las cosas de forma diferente, vemos de forma diferente y nos afectamos de forma diferente.

Puedo estar entre un grupo de personas, derramar un vaso de agua y hacer un reguero. Una persona vendrá rápido al rescate con mucho papel toalla para recoger el reguero. Esa persona me comprenderá, puesto que sabe que me siento avergonzada.

Otra persona podría querer enseñarme rápido cómo pude haber evitado el incidente de haber sido más cuidadosa.

Alguna otra posiblemente se eche a reír y piense que todo el incidente fue comiquísimo.

Yo podría enfurecerme u ofenderme por la reacción de dos personas o bien darles libertad para que sean quienes son, y que sepan que si necesitan un cambio, Dios es bastante grande para encargarse de ello. Puedo orar por ellas, pero no ser juiciosa.

Instruya al niño

Instruye al niño en su camino,
Y aun cuando fuere viejo no se apartará de él.

Proverbios 22:6

Debemos instruir a nuestros hijos. Es nuestra responsabilidad ante Dios hacerlo. El conocer sus personalidades diferentes ayuda mucho para hacerlo adecuadamente. Cuando comparamos al mayor de los hijos con el menor, diciendo cosas como: "¿Por qué no puedes obtener buenas calificaciones como tu hermano?", y una variedad de cosas así, es posible que estemos inmiscuyéndonos en asuntos de Dios. Él creó a cada uno de nuestros hijos y los formó para su propósito, no para el nuestro.

Muchos padres quieren materializar sus propios sueños sin realizar a través de sus hijos, y eso les crea tensión. Los niños tienen por naturaleza el deseo de querer agradar a los padres, pero los padres dominantes terminan por tener hijos rebeldes. Debemos enseñarles a nuestros niños pequeños lo que es correcto, pero, a medida vayan creciendo, debemos también dejarlos tomar sus propias determinaciones. Eso les enseñará a desarrollar una relación de respeto. No sólo nos respetarán como padres, sino que también nuestros valores y —en última instancia— estarán más dispuestos a seguir esos valores.

Nosotros los humanos no fuimos creados para ser controlados externamente, y cuando ejercen control sobre nosotros, crean problemas.

Cuando mis hijas estaban creciendo, yo tenía ciertas ideas y estándares acerca de lo que pensaba debería ser una casa limpia. Traté de enseñarlas a ser limpias y ordenadas.

Una de ellas poseía una personalidad que parecía no importarle los desórdenes, mientras que la otra parecía ser más ordenada que yo. Le peleaba a una, y pensaba que la otra se pasaba de la raya. Ambas crecieron y tiene sus respectivas casas.

Las tres teníamos variaciones del significado de la palabra "limpio". Una de mis hijas es algo más suelta, pues disfruta de su casa —y está limpia— pero no le importa que haya cosas fuera de lugar. Ella es la que vive en esa casa, así que es libre de tenerla como desee.

La otra es bastante estricta en cuanto a cómo quiere que luzcan las cosas. Es ella quien las limpia, así que ese asunto es de ella.

Es probable que yo me encuentre en medio de las dos. Me gusta que la casa esté un poco más organizada que la de una de mis hijas, pero no tiene que estar tan organizada como la de la otra.

Me doy cuenta ahora que perdí mucho gozo cuando las niñas crecían, debido a que intentaba hacer que fuesen como yo.

Para poder darle libertad a una persona, debemos percatarnos de que nunca será buena por ser otra que no sea sí misma.

Luché en extremo con mi hijo mayor cuando crecía, y nunca supe —hasta hace un par de años— que luchábamos porque tenemos personalidades idénticas, pues ambos somos muy fuertes. Sentía que él siempre resistía todo lo que le dijera o hiciera. Pensé que era tan sólo un rebelde, y su actitud sí creció en forma de rebeldía.

Sin embargo, si hubiese sabido cómo darle alguna libertad (y debo añadir que los niños voluntariosos necesitan aún más libertad que los otros tipos), hubiera evitado muchísimos roces entre nosotros. Nuestras personalidades fuertes trabajaban contra nosotros, pero ahora mediante Cristo (y ambos con aprender equilibrio), trabajamos juntos en el ministerio en todo momento.

Dios me dijo una vez: "Sé menos rígida con tus hijos, Joyce".

Le insto a que no sea tan rígido con sus hijos. Ellos no han tenido el tiempo para aprender lo que usted ya sabe. Deles un tiempo, y verá que se sorprenderá de lo que Dios les enseñará. No podemos hacer que nuestros hijos amen a Dios o hacerlos que hagan lo correcto. De forma natural, debemos corregirlos, pero deberíamos evitar controlarlos. Debemos corregirlos cuando estemos guiados por el Espíritu, no por la carne.

He hallado resultados óptimos si les hago algún tipo de corrección a nuestros hijos, empleados o cualquier persona sobre la cual ejerzo cierta autoridad cuando verdaderamente lo necesito hacer, y no cuando lo quiero hacer.

Debemos ser sensibles a Dios en esa área, como en todas, al no hacer lo que sintamos hacer, sino lo que Dios nos dirige a hacer. Cuando dejemos de tratar de manejar el mundo — al dejar de ser el gran director del coro de la vida— nos restará tiempo para disfrutar de la vida.

Concéntrese en su propia libertad y manténgala ante Dios. Y dele a los demás la libertad de vivir su propia vida. Hallará un aumento en su gozo.

Todos mis hijos se convirtieron en personas de bien, pero perdí muchos años de gozo por intentar hacerlos cambiar, cuando debí haberlos disfrutado.

Todas las personas están encaminadas hacia algún lugar. Disfrutemos de ellas mientras hacen el viaje. Disfrutemos donde están, mientras caminan a donde van.

Cuando su hijo tenga dos años, no desee que cumpla los tres. Cuando sea un niño pequeño, no desee que ya esté en la escuela. No siga buscando ese tiempo "perfecto" en la vida cuando, en realidad, todas las circunstancias concernientes al individuo serán justas. Disfrútelo donde se halla. Cada fase es parte del entero.

Dios nos ha dado relaciones para disfrute, no para tormento.

Determine hoy que va a disfrutar tanto de usted como de toda la gente que Dios le ha puesto en la vida. No se fije sólo en lo que está mal en usted o en los demás. Sea positivo; busque las cosas buenas y auméntelas.

13

NO ENVENENE
SU GOZO

13

NO ENVENENE SU GOZO

Porque: El que quiere amar la vida Y ver días buenos, Refrene su lengua del mal, Y sus labios no hablen engaño.

1 Pedro 3:10

El gozo reside en el espíritu del hijo nacido de nuevo en Dios. Sin embargo, es posible envenenar el gozo.

La Escritura citada anteriormente dice que si queremos disfrutar nuestra vida, lo cual es posible aun si no hubiese aparentemente gozo alguno, debemos mantener entonces nuestra lengua del mal.

Considero que la instrucción es una personal: *Mantenga la lengua* apartada del mal.

Cuando la Biblia dice que podemos disfrutar de la vida (ya sea aparentemente o no), pienso que significa que si mantenemos la boca de forma positiva en tiempos de dificultad —aunque le parezca a los demás que las situaciones deben hacernos sentir abatidos— podemos tomar gozo de la fuente de nuestros propios labios.

La fuente de bendiciones y maldiciones

… pero ningún hombre puede domar la lengua, que es un mal que no puede ser refrenado, llena de veneno mortal.

Con ella bendecimos al dios y Padre, y con ella maldecimos a los hombres, que están hechos a la semejanza de Dios.

223

De una misma boca proceden bendición y maldición.
Hermanos míos, esto no debe ser así. ¿Acaso alguna
fuente echa por una misma abertura agua dulce y amarga?

Santiago 3:8-11

Podemos bendecirnos o maldecirnos por la manera en que hablamos. Cuando bendecimos, hablamos bien de; cuando maldecimos, hablamos mal de. Usted y yo podemos bendecir nuestra vida y llevar gozo o bien podemos maldecirla y llevar tristeza a nuestro ser, debido a las palabras que salen de nuestra boca.

Debemos ser más conscientes sobre lo que salga de nuestra boca más que de lo que puedan decir de nosotros los demás. Hay un pozo con cosas buenas dentro de nosotros, y una de esas cosas lo es el gozo. Podemos subirla y salpicárnosla a través del hablar adecuado.

La Biblia dice que la lengua del hombre no la puede domar hombre alguno, así que necesitamos la ayuda de Dios ¡y bastante!, para mantener la lengua bajo control.

En Santiago 3:6, leemos que… Y la lengua es un fuego, un mundo de maldad. La lengua está puesta entre nuestros miembros, y contamina todo el cuerpo…

Es asombroso detenerse y darse cuenta de todos los problemas que ese miembro tan pequeño del cuerpo ha creado en nuestra vida. La lengua puede arruinar una relación. Puede ocasionar depresión. Puede herir a una amistad o lastimar a alguien a quien apenas conocemos a través de una grosería.

En el versículo 8 de Santiago 3 continua para decir que la lengua es… **un mal que no puede refrenarse, llena de veneno mortal.** ¡Vaya! ¿Ha sido envenenado su gozo?

Si ha sido así, piense en esta Escritura:
Las palabras del chismoso son como bocados suaves,
Y penetran hasta las entrañas.

Proverbios 26:22

La muerte y la vida están en poder de la lengua,
Y el que la ama comerá de sus frutos.

Proverbios 18:21

Ambas Escrituras expresan, en parte, el mensaje que intento llevar en este capítulo: Las palabras nos pueden ayudar o nos pueden lastimar, al igual que a las personas con quienes nos involucramos.

La lengua en prueba

El temor de Jehová es aborrecer el mal;
La soberbia y la arrogancia, el mal camino,
Y la boca perversa, aborrezco.

Proverbios 8:13

Cuando tenemos dificultades —tribulaciones— ¿qué es lo que a la lengua le gusta hacer? ¡Hablar de ellas! Echarle la culpa a alguien. Le gusta quejarse. Pero, más que nada, lo que le gusta es hablar del problema en sí (lo cual no le hace ningún bien a nadie).

Las tentaciones que traen las pruebas y las tribulaciones, están hechas para apartarlo de Dios. Hable de Dios, no del problema. Verá que se fortalecerá en lugar de decaerse.

Las tribulaciones son parte de la vida. Cuando usted es dueño de un auto, necesitará reemplazar ciertas piezas de vez en cuando. Cuando es propietario de una casa, es probable que necesite pintarla alguna vez o repararle algo. Estas cosas son simplemente parte de la vida.

Vivimos en un mundo. El diablo está en el mundo. Parte de lo que hace es traernos tribulaciones. Tiene la esperanza de que las tribulaciones nos irriten y roben la paz y el gozo nuestros.

¡Satanás no quiere que disfrutemos de Dios ni de la vida que Él nos ha provisto!

Hacemos algo grande de nuestras tribulaciones, y somos culpables, a menudo, de ahogarnos en un vaso de agua. Dios es más grande que los problemas.

Solía hacer de mis problemas una cosa grande, al grado de hacer que se vieran más grandes de lo que eran. Por otro lado, Dave les hacía menos caso. Para él, parecían más pequeños de lo que me parecían a mí. Todos los que tengan debilidad en esta área, tendrán que crecer o nunca disfrutarán su vida de forma constante.

Chris, nuestro líder de adoración, me decía cómo había escuchado a unas personas hablar acerca de todas sus pruebas. Se preguntaba (y le preguntaban al mismo tiempo a Dios): "¿Por qué ya no tengo más problemas?". Tal parece que todo le va bien en su vida ahora mismo.

Conforme pensaba sobre ello, se dio cuenta que uno de sus hijos estaba enfermo, un electrodoméstico se había descompuesto y algo le ocurrió a su auto. La diferencia estriba en que él no piensa en ni habla de los problemas. Estaba ocupado con el ministerio, los viajes con nosotros, la dirección de la adoración, el trabajo en la oficina, la composición de canciones, el ser un buen esposo y padre. Estaba ocupado, al hacer lo que Dios lo llamó a hacer, lo cual liberó al Señor de hacer lo que Él está supuesto a hacer.

Dios quiere darnos paz en medio de la tormenta, mientras Él aparta las nubes y hacer salir el sol.

La Biblia nos aconseja a dar un buen informe (Filipenses 4:8 RV). En Números13, vemos un clásico ejemplo. Se envió a doce espías a la Tierra Prometida para espiarla. Diez de ellos regresaron con un "mal informe". ¡Dijeron lo de la existencia de gigantes! Había otras cosas buenas que informar, pero se enfocaron en los gigantes.

Usted y yo debemos dar un buen informe, hablar de las cosas positivas en la vida. Mientras más hable de cosas buenas, mas elevado se sentirá. Si optamos por escoger hablar de cosas negativas, nos sentiremos cargados y decaídos. Las palabras que salen de nuestra boca pasan por nuestra cara y llegan a nuestros propios oídos, al igual que a los oídos de los demás.

El que demos un mal informe" —como habladurías, quejas, calumnias, chismorreo— hacen que no seamos felices. Mucha gente no se percata de este hecho, y otra probablemente no querrá creerlo, pero es cierto. A veces, la gente, literalmente, se hacen "adictos" a hablar lo malo. Decir lo malo incluye todas las cosas negativas que se mencionan en este capítulo.

En un momento dado en mi vida, era tan negativa que si decía algo positivo, le sorprendía a todos. Ahora soy lo opuesto. Creo que soy como la persona adicta a las drogas. Una vez se libera de ellas, las odia con la misma pasión con que las amaba antes de liberarse de éstas.

Una vez vi la devastación del negativismo y demás formas de decir lo malo, las odié. Según Proverbios 8:13, Dios odia la boca perversa y que tergiverse lo que se dice. Tal deberíamos hacer nosotros. Si somos sumisos al Espíritu Santo, Él nos hará decir lo correcto. Además, nos condenará cuando hablemos lo incorrecto. No obstante, debemos cooperar con Él. Lo enviaron para que nos mantenga en el camino estrecho que va rumbo al camino de vida.

Concuerde con Dios, no con las pruebas

¿Andarán dos juntos, si no estuvieren de acuerdo?

Amós 3:3

Dios tiene un buen plan para nuestra vida, y necesitamos que nuestra boca esté de acuerdo con Él. Si nos pasamos por ahí diciendo: "Nunca me pasa nada bueno. Lo único que tengo son problemas", lo que podemos esperar es que los problemas se nos multipliquen.

Las palabras son semillas. Lo que decimos, es lo que sembramos; y lo que sembramos, ¡lo cosechamos!

Empiece a decir: "Tengo un futuro, y hay esperanzas para mí. Dios está de mi lado. No importa cuántas desilusiones haya tenido en el pasado, este es un nuevo día. La bondad y la misericordia me siguen hoy".

El que hable así le ayudará a disfrutar del viaje. Cuanto tenga que esperar por su progreso, le conviene hacerlo lo más agradable posible.

A veces, esperamos por Dios u otras personas para que nos hagan lo que podemos por Dios habernos dado la capacidad y responsabilidad de hacer. Podemos aumentar nuestro gozo a través del simple principio de decir lo bueno.

En ocasiones, lo que decimos sobre nuestros problemas es un problema más grande que el problema en sí. Cuando pensamos y hablamos de continuo sobre el problema, mental y verbalmente decimos que no podemos deshacernos de ellos. Prevalecen en nuestra alma; nuestra alma se llena del problema. Dios nunca tuvo la intención de que nos enfrascáramos en los problemas. Podrán rodearnos, pero no existen como para que se nos incrusten. El gozo permanecerá si mantenemos nuestra alma llena de Él y su Palabra. Sin embargo, podemos envenenar fácil y rápidamente nuestro gozo, al no adherirnos a los principios de Dios.

Una vez retuve intencionadamente una lista de tribulaciones que se me presentaron mientras me preparaba para enseñar acerca de esto.

Habíamos combinado un par de días de vacaciones por un compromiso de enseñar en Miami, Florida. Estuvimos fuera durante siete días, y durante esos días, nueve cosas nos ocurrieron que vinieron bajo la categoría de tribulaciones.

No las escribí, puesto que no creo que recordara la mayoría en el momento que regresamos a casa, debido a que ya no soy adicta a hablar de mis tribulaciones. He hallado algo mejor de qué hablar.

Dave jugaba golf, y sus juegos se suspendían por la lluvia después de sólo llegar al sexto hoyo. Recogía los palos de golf y viajaba a Florida con ellos, pagaba por el campo de juego, hacía todo lo necesario para una ronda de golf, y por llover se suspendía todo. Es posible que para usted y para mí eso no signifique gran cosa, pero para un golfista, eso es una tribulación.

La tribulación es tan sólo una de las "cositas" que pasan en la vida de un individuo que se desilusiona o se irrita.

Cuando llegamos a Miami, la iglesia había arreglado todo lo de nuestra estadía en un agradable hotel justo frente al mar, pero el hotel nos hizo reservaciones para estar dos días en una habitación y el resto de la semana en otra parte del edificio.

Esto hizo que empacáramos y desempacáramos dos veces, más de lo que deseábamos lidiar con eso. La segunda habitación quedaba justo al lado de los contenedores de basura, y tenía algo atascado. La peste que salía por las paredes era tan mala que, a la una de la madrugada, tratamos de conseguir que alguien hiciera algo al respecto. Descubrimos que los hoteles no tienen muchos empleados durante turnos de medianoche.

En nuestra primera reunión, la compañía de energía eléctrica local había cerrado el paso al estacionamiento. Despedazaban la calle frente a la iglesia, y las personas no hallaban donde estacionar. Llevamos a cabo un seminario de matrimonios mientras estuvimos allí. Durante el mismo, un hombre colocó en los automóviles del estacionamiento hojas sueltas como anuncio de que buscaba una novia.

Dave fue a la iglesia para vender unos casetes y no pudo darle cambio de vuelta a nadie porque yo tenía su billetera en mi bolso. En dos ocasiones diferentes, las personas quienes me recogían para llevarme a la iglesia estaban retrasadas. Y para colmo de males alguien chocó el auto alquilado que tuvimos mientras estaba estacionado en el garaje.

Había una época en la que solía estar de vuelta a casa y sentía que ¡el viaje había sido un desastre! Pero hubiese sido porque exageraba el problema al hablar tanto de lo mismo. Tal como pasó, todo lo malo que ocurrió no me molestó tanto.

Manténgase feliz, al ser cauteloso con lo que salga de su boca.

¿Se ha quejado durante el día de hoy? Eso le reducirá el gozo rápido.

Algunas personas son "críticos crónicos".

¿Ha dicho cosas negativas y prejuiciosas sobre alguna persona? Eso definitivamente envenena su gozo.

Los comentarios desagradables sobre las demás personas nos causan muchos más problemas que lo que pensamos.

Estaba pasando dificultades con la unción de mi vida en una ocasión. Sentía que algo me entorpecía y bloqueaba. Era difícil de explicar, pero algo no estaba bien. Esa sensación persistió por unas tres semanas, y finalmente, sabía que necesitaba una respuesta de Dios. Él me mostró que yo había hecho un comentario sobre la prédica de otro ministro. Había comentado que lo que predicó no tenía continuidad, que brincó por todo el lugar. Ofendí al Espíritu Santo con lo dicho. Ese hermano es un siervo de Dios que predica mediante la guía del Espíritu Santo, y yo estaba criticando su estilo.

Hacemos juicio de lo que es diferente, y lo hacemos normalmente porque nos reta. Si el estilo de este hombre era el correcto, tal vez el mío necesite mejorar. No pensé eso conscientemente, pero sí creo que esos temores sobre nosotros mismos son la raíz del prejuicio que se lleva contra los demás.

Aprendí una lección importante de ese incidente. Dios verdaderamente lidió conmigo mucho con este asunto. Y sé que parte del motivo es porque soy una maestra de su Palabra. Él no desea que salga agua amarga de la fuente una vez y dulce en la siguiente. Él no quiere que yo lo alabe e insulte a quienes fueron creados a su imagen y semejanza.

El mantenerse callado sobre lo que pensemos, ya sean observaciones de faltas en los demás, muestra humildad. La Biblia dice en Romanos 12:3 que no debemos pensar más alto que nosotros de lo que deberíamos, pero nos damos cuenta que lo que podemos hacer bien es por la gracia de Dios.

Tal vez otra persona no tiene el mismo don de gracia que usted o yo tenemos. No podemos criticar a otros por no tener algo de lo cual Dios decidió no darle. Hay veces en que juzgamos a las personas por ser más lentas que nosotros, y Dios pone niveles de rapidez diferentes en todos nosotros.

Mi hijo mayor puede trabajar más rápido que nadie que yo haya conocido. Y ha tenido que aprender que no todos son rápidos como él. Su rapidez, con precisión, es un don de Dios.

Probablemente, soy promedio cuando de rapidez en hacer las cosas se trata. Sé de personas que son más rápidas que yo, pero igualmente sé que hay más lentas que yo.

En resumidas cuentas, no podemos ser responsables por algo que Dios no nos dio. Podemos aprender y crecer, pero nunca haremos algo de la misma forma. El prejuicio proviene de observarnos, sobre todo nuestros dones y talentos, y decidir que quien no haga las cosas de la forma en que la hagamos nosotros tiene fallas.

Tener este tipo de cosas en el corazón y la boca es envenenar nuestro nivel de gozo. Hay volúmenes que podrían escribirse sobre al boca, pero oro que haya podido exponer mi observación.

Recuerde que *La muerte y la vida están en poder de la lengua, y el que la ama comerá de sus frutos* (Proverbios 18:21). Por lo tanto, mantenga sus palabras dulces para que sus frutos sean dulces.

CONCLUSIÓN

TERMINE SU CARRERA CON GOZO

Pero de ninguna cosa hago caso, ni estimo preciosa mi vida
para mí mismo, con tal que acabe mi carrera con gozo…

Hechos 20:24

La Biblia está repleta de Escrituras sobre el gozo, el regocijo,
la alegría y el canto. Uno de mis salmos favoritos es el Salmos
100:1, 2:

Cantad alegres a Dios, habitantes de toda la tierra. Servid
a Jehová con alegría; Venid ante su presencia con regocijo.

Servir al Señor con alegría es una buena meta para nosotros. A
menudo, pensamos que debemos hacer algo grandioso y olvidamos
las cosas simples que bendicen al Señor de forma obvia, lo cual
significa muchísimo para Él que sus hijos le sirvan con alegría.

Hubo muchos años en los que tuve ministerio, pero no mucho
gozo. Desde entonces he aprendido que el Señor prefiere mejor
tenerme contenta que exitosa, a no ser que pueda tener ambas
cosas.

He estado preguntando ya por un tiempo en las reuniones
quiénes tienen ministerio a tiempo completo, pero no disfrutan

de ir al altar y orar. Me he asombrado con la cantidad de personas que pasa al frente cada vez que ese llamado al altar se hace.

Tantas personas van rumbo hacia algún lugar, pero ¿cuántas de ellas disfrutan del viaje? Sería una verdadera tragedia llegar y darse cuenta que el viaje no lo disfrutó del todo.

Estoy de acuerdo con el apóstol Pablo de querer terminar mi carrera *con gozo*. Ese versículo en particular parece hablarle profundamente a mi alma. Qué meta maravillosa: servirle al Señor con alegría, y terminar nuestra carrera con gozo.

Ya que soy del tipo de persona decidida, he estado siempre determinada a terminar mi carrera. Pero por los pasados años, he añadido algo extra siempre a mi meta original. Ahora, no sólo quiero terminar la carrera, sino que quiero terminarla *con gozo*.

Oro para que se sienta de la misma forma. No importa cual sea su etapa actual en la vida, ya sea el llamado para hacer o ir, disfrute del viaje. No desperdicie otro día de la preciosa vida que Dios le ha dado.

Regocíjese en el Señor, y le digo de nuevo, ¡regocíjese!

NOTAS

1. James Strong, *Nueva concordancia Strong exhaustiva* (Thomas Nelson), "*Hebrew and Chaldee Dictionary,*" p. 38, véase: #2416.
2. W.E. Vine, Merrill F. Unger, and William White Jr., *Vine's Complete Expository Dictionary of Old and New Testament Words* (Thomas Nelson), p. 367.
3. James Strong, *Nueva concordancia Strong exhaustiva* (Thomas Nelson), "Greek Dictionary of the New Testament," p. 21, véase: #1161.
4. W.E. Vine, Merrill Unger, and William White, Jr., *Vine's Complete Expository Dictionary of Old and New Testament Words* (Thomas Nelson), pp.335-336.
5. Vine, p. 336.
6. *Webster's II New College Dictionary,* véase: "joy" (gozo).
7. Vine, p. 201
8. *Webster's II New Riverside University Dictionary,* véase: "enjoy" (gozo).
9. *Webster's II New Riverside University Dictionary,* véase: "believe" (creer).
10. *Webster's II New Riverside University Dictionary,* véase: "receive" (recibir).
11. *Webster's II New Riverside University Dictionary,* véase: "complicate" (complicado)
12. *Webster's II New Riverside University Dictionary,* véase: "complicated" (complicado).
13. *Webster's II New Riverside University Dictionary,* véase: "simple" (simple).
14. *Webster's Ninth New Collegiate Dictionary,* véase: "conversation" (conversación).
15. Si no ha leído mi libro titulado *If Not for the Grace of God* [Si no fuera por la gracia de Dios], le recomiendo lo haga.
16. Para obtener un ejemplar, refiérase a la lista al final del libro.
17. James Strong, *Nueva concordancia Strong exhaustiva* (Thomas Nelson), "Greek Dictionary of the New Testament," p.71, véase: #5040.
18. *Webster's II New Riverside University Dictionary,* véase: "religion" (religión)
19. *Webster's II New Riverside University Dictionary,* véase: "relationship" (relaciones).
20. James Strong, *Nueva concordancia Strong exhaustiva* (Thomas Nelson), "Greek Dictionary of the New Testament," p. 60, véase entrada#4231.
21. *Webster's II New Riverside University Dictionary,* véase: "celebrate".
22. W.E. Vine, Merril F. Unger, and William White, Jr., *Vine's Expository Dictionary of Old and New Testament Words* (Thomas Nelson), p.97.
23. James Strong, *Nueva concordancia Strong exhaustiva* (Thomas Nelson), "Hebrew and Chaldee Dictionary", p. 51, entrada #3327.